SNOWboarding 完全編集

SNOWBOARD BASIC JUMP

スノーボードジャンプ
最速上達マニュアル 安全

監修 岡本圭司

INTRODUCTION
--
はじめに

「いつまでたってもストレートエアが安定しない……」「怖くてスピンを繰り出すことができない……」「なかなかトリックを覚えられない……」「得意な回転方向以外はスピンできない……」。ストレートジャンプが好きなのに、そういった悩みを抱えている人は意外と多いはず。そんな迷える子羊ジャンパーたちの駆け込み寺として、ストレートジャンプのスキルを1シーズンで驚くほど進化させるべく、「最速&安全」上達マニュアルをご用意。本マニュアルでは、雪山のキッカーだけでなく、アプローチに人工芝（ブラシ）を用い、斜度のある地形にランディング用エアマットを敷き詰めたジャンプ練習施設を併用していく。実は、これは日本屈指のジャンプマスターとして知られる岡本圭司が実践してきた上達術でもある。彼が試行錯誤して辿り着いた理論や方法論は、きっとアナタの悩みをズバッと解決してくれるはずだ。360しか回せなかった翌シーズンには、900まで回せるようになっていた彼のように、驚くべき進化を遂げたいのであれば、本マニュアルをフル活用してもらいたい。

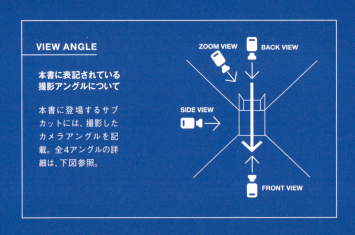

VIEW ANGLE

本書に表記されている撮影アングルについて

本書に登場するサブカットには、撮影したカメラアングルを記載。全4アングルの詳細は、下図参照。

ZOOM VIEW / BACK VIEW / SIDE VIEW / FRONT VIEW

少しずつでも、出来る事が増えていく
楽しさと喜びを感じていって下さい。

監修者プロフィール
岡本圭司 Keiji Okamoto

--
スノーボードに本格的に取り組み始めてから、わずか5年で「X-TRAIL JAM IN TOKYO DOME 2007」で5位入賞するなど、驚くべき急成長を遂げ、数々の世界大会で成績を残した。日本で初めてダブルコークをメイクするなど、横回転だけでなく、縦回転、3D回転と、ありとあらゆるスピン軸を操り、観る者を惹きつけるライディングが魅力。そのレベルアップの秘訣こそ、オフトレ施設と雪上での反復練習だった。その上達術を余すことなく伝授する。

生年月日: 1982年2月20日
出身地: 兵庫県神戸市

CONTENTS
もくじ

005 LESSON_01 **FIRST STEP**
最速&安全に上達する第一歩

017 LESSON_02 **BASIC（STRAIGHT AIR）**
ストレートエアの基礎を覚える

029 LESSON_03 **BASIC（SPIN）**
スピンの基礎をモノにする

043 LESSON_04 **OFF SNOW→ON SNOW**
雪山で効率よく練習する秘訣

051 LESSON_05 **180 SPINS**
180スピンをマスターするコツ

065 LESSON_06 **FRONTSIDE 360**
フロントサイド360を徹底攻略

075 LESSON_07 **BACKSIDE 360**
バックサイド360を徹底攻略

085 LESSON_08 **NEXT LEVEL**
ネクストレベルを目指したい人へ！

01

FIRST STEP
最速&安全に上達する第一歩

雪山のキッカーでの練習だけではなく、なぜジャンプ練習施設も併用すべきなのか？ まずは、その理由を紐解いていこう。

▶ THE ADVANTAGE
ジャンプ練習施設を利用するメリット

現在、ジャンプ練習施設では多くのスノーボーダーが練習に励んでいるけれど、はたしてジャンプ練習施設を活用するメリットとは？ 4つのポイントをピックアップして紹介しよう。

POINT 01　雪山に似たキッカー形状

KINGSやQUESTといったジャンプ練習施設は、ウォータージャンプやバグジャンプのようなフラット着地ではなく、実際のゲレンデに設置されているキッカーのように、ランディング部分に傾斜がつけられている。これによってトリックの最後までランディングを狙った動きが可能になるのだ。より雪上に近い環境で、より雪上に近い視界が体験でき、よりリアルな練習ができるというわけ。また、安全なエアマット着地だからこそ、たとえバランスを崩したとしても、最後の最後までリカバリーするために動き続けることができるのもメリット。つまり、リカバリー力の大幅アップにも繋がるのだ。

形状は雪山のキッカーそのもの

POINT 02　安全なエアマットに着地

ジャンプ練習施設では、テイクオフ時にマクられても、空中でバランスを崩しても、ランディング部分に敷かれた特殊エアマットが身体を優しく包み込んでくれる。結果、ほぼ無傷でジャンプの練習を続けることができるだろう。一方、それが雪山だと？ 運が悪ければ大ケガに繋がってしまうかもしれない。そして、それこそが恐怖心を抱く要因のひとつとなり、チャレンジ精神を打ち砕いていたのだとしたら？ だが、ケガのリスクが低いエアマットに向かってジャンプするであれば、誰でも安心して挑戦することができるはず。ただし、無謀と挑戦は紙一重。そのため、自分のレベルを見極め、自分のレベルに適したキッカーで練習することは忘れずに！

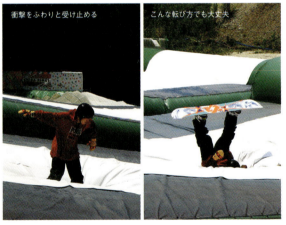

衝撃をふわりと受け止める　　こんな転び方でも大丈夫

BEFORE PRACTICE
練習を始める前に……

ここでは、まだジャンプ練習施設を訪れたことがない人のために、その準備編として施設を訪れる前に知っておくべきこと、持って行くべきギアなどをご紹介。

アプローチ部分の散水

マット部分は水が溜まりやすい

服装は濡れてもOKな格好で！

ブラシの上でもボードがよく滑るように、また着地部分に敷かれているマットに引っ掛かってケガをしないように、ほぼ常に散水され続けているので、ズブ濡れになっても問題ない服装をチョイスしよう。上下ウエアのセットアップでも問題ないけれど、気温の高い季節であれば「半袖＋サーフトランクス」といったスタイルもアリ。ただし、ヒジやヒザなどの関節部が露出していると、着地後にマットでコスれて痛い目に遭うので、サポーターやアンダーウエアなどを着用すること。また、ビショビショのまま帰宅しないでも済むように、着替えも忘れずに！

POINT 03　同じ形状での反復練習

アップ系、ライナー系、クイックな形状など、パークに設置されているキッカーの特徴は多種多様。さらに、同じキッカーでも天候や気温などによって雪質は変化するし、多くの人がエントリーするたびにリップ付近の雪は削られ、整備を繰り返すことでキックの形状は微妙に変化する。つまり、変化し続けるキックに踏み切りを合わせるためには、豊富な経験や対応力が重要になってくるのだ。だが、トリックを覚えるということに限れば、同じ形状で反復練習したほうが、その習得スピードは加速する。キックに合わせるというステップを飛ばすことができるのだから！　その好環境がジャンプ練習施設には揃っているのだ。

雪山では定期的な整備が必要

ブラシなので形状は一定だ

POINT 04　雪よりシビアなブラシを滑れば……

ジャンプ練習施設のアプローチ部分は、特殊なナイロン素材を用いたブラシが敷き詰められており、そこに散水することで、より雪に近い状態で滑走できるのだが、いくら雪に似ていると言っても、ブラシはブラシ。雪と同じようにエッジが噛んだり、急激なブレーキングが可能なわけではない。また、身体の軸を少し倒すだけで予想以上にエッジが入ってしまうこともある。つまり、ブラシの上を思いどおりに滑るためには、雪以上にシビアなボードコントロールが必要になってくるのだ。これをポジティブにとらえるならば、ジャンプのスキル以外にもワンランク上のボードコントロール力を手に入れられるということ。それだけでも得した気にならないだろうか？

アプローチすべてがブラシ

ブラシのズーム写真がこれだ

プロテクター等の注意事項

頭からエアマットに落下したときに、ボードが頭に当たってケガをしないようにヘルメットの着用が義務づけられている。ビーニーでは滑走させてくれないので要注意。また、スノーボード用のグローブでも問題ないが、手の平にグリップを強化する工夫がされていないモデルを選ぼう。着地後にマットの上をスムースに滑らず、手だけが引っ掛かってケガをしてしまう可能性が高いのだ。オススメは一般的な軍手。こちらもゴムなどのグリップ付きのタイプは絶対にNGであることを付け加えておこう。各施設にてヘルメットはレンタル可能。グローブは販売しているぞ。

滑走時は必ずヘルメットの着用を！　左のようなグリップ付きタイプはNG

新品ボードは持って行くべからず

エアマットにランディングするため、エッジが鋭く尖っているボードではマットを破りかねない。そのため施設を訪れると、スタッフの方がまずボードのエッジをチェックする。ここでシャープなエッジは必ずダリングされるのだ。これが新品ボードを持って行かないほうがベターな理由。また、エッジが折れるなどの破損が見受けられる場合も滑走させてもらえないので、事前に確認しておこう。さらにボードの走りをよくするため、ジャンプ練習施設のブラシに適したワックスやロウソクが販売されているので、ワクシングは施設に到着してからでも問題はない。

徹底的にダリングされる

このようなボードは使用不可

▶ FOR SMOOTH RIDING

基本姿勢を見直そう

ブラシは雪よりもシビアで誤魔化しが効かないため、より丁寧なボードコントロールが必要になってくる。
そのためにも、まずはボードを正確に踏むために必要な、正しい基本姿勢をチェックし直そう。

雪では誤魔化せても……

このブラシはシビア

気を抜くとバランスを崩しやすい

普段の滑り方をチェック

ブラシの上でボードを上手く操れないと感じる人は、きっとボードに乗らされている証拠。そんな人は自分の意志で"滑っている"のではなく、ただ重力によって斜面を"滑らされている"だけにすぎない……と言ったら言い過ぎだろうか？ ジャンプするときだけでなく、フリーライドをするときも、ボードをしっかり、そして正しく踏み込むことができなければ、正確なボードコントロールは不可能なのだ。また、一気にエッジに加重したり、身体の軸を倒すだけでターンしていた人も、ブラシの上でイメージどおりに滑ることはできないはず。そういった人は普段の滑り方を見つめ直し、ジャンプの練習をする前にブラシに慣れておこう。そうしないと、上達のスピードが遅くなってしまうぞ。気を抜くとコケやすい（コケると雪よりも痛い!!）ので、常にいい意味での緊張感を持って挑むこと！

正しい基本姿勢とは?

自分でボードを自在に操ることができなければ、つまりボードに乗らされている状態では、決して自由に"飛ぶ"ことなんてできない。おそらくリップから"飛ばされる"ことになり、安定したジャンプは望めないだろう。安定したジャンプには、安定したテイクオフが必要だし、安定したテイクオフには、安定したアプローチが必要なのだ。そのため、「今さら?」と思った人ほど基本姿勢を改めてチェックしてもらいたい。両足均等にボードを踏み込んで踏ん張りやすい体勢、それが基本姿勢だ。どちらのエッジにも力を加えず、前足と後ろ足で均等にボードを踏むためにも、ボードを面で踏み込むためにも、ポイントとなるのは斜面に対して垂直になる身体の軸。これを意識して滑ってみよう。そして、この段階からボードをきちんと踏み込んで滑るという感覚を身体に覚え込ませよう。

重心はボードのセンターに

■◀ **FRONT VIEW**

身体の軸もボードのセンターに

STRAIGHT RIDING
直滑降

直滑降のときも基本姿勢は変わらない。ただし、足腰をやわらかく使うことは忘れずに!

▶ FOR SMOOTH SPIN
的確なラインどりがスピンのカギ

スピンをスムースに繰り出すために重要なアクション。それがラインどり。ターンの力を利用すれば、スピンはよりラクに繰り出すことができるので、ブラシの上でも思いどおりのターンを描けるようになっておこう。

スピンはターンの延長線上にある

少ない先行動作でも、ナチュラルでスムースなスピンを繰り出すために、ターンで生じる力をスピンの原動力として活かす方法がある。いや、特にスピン初心者にとっては、「ターンの延長線上にスピンが存在する」という意識を持っておいたほうがいいくらいだ。だからこそ、スピンするときは的確なラインどりが重要になってくるのだ。もちろん、体格やクセなどによって、浅いターンがしっくりくる人もいれば、深く巻き込んだほうがキッカケをつかみやすい人もいるだろう。ただし、フロントサイドスピンであれば、トゥサイド加重→フラット→ヒールサイド加重という流れ、バックサイドスピンであればヒールサイド加重→フラット→トゥサイド加重という流れは変わらないことを覚えておこう。

FRONTSIDE 360
フロントサイド360

ブラシの上でも確実なターンを!

正確なターンを描くためには、まず、何よりもボードをしっかり踏み込んでおくことが大切。もちろん、急激なエッジの切り替えは厳禁で、ゆっくり丁寧にトゥサイド、もしくはヒールサイドへ加重しなければならない。さらに決してエッジだけに乗りすぎず、面を意識して加重することもポイントだ。そしてターンをスムースに切り替えるためにも、軽く抜重しながらボードをフラットに戻すくらいの余裕を持っておくこと。ターンすること自体に慣れてきたら、繰り出したいスピンをイメージしながらラインを描いてみよう。

 急激にエッジに加重してしまうと……

もしブラシの上で"じんわり"ではなく、急激にエッジに加重してしまうと、予想以上にエッジが入ってしまうケースが少なくない。結果、転倒なんてことも……。ゆっくり確実なエッジワークや重心移動を心掛けておこう。

▶ SENSITIVE EDGE WORK
より繊細なエッジワークを!

ブラシの上をイメージどおりに曲がることができたら、次はグラウンドトリックで遊んでみよう。ただし、これはフリーライドゾーンが設けられている施設限定なので、あしからず。

FRONTSIDE BOARD SLIDE
フロントサイド・ボードスライド

BACKSIDE BOARD SLIDE
バックサイド・ボードスライド

ボードコントロールをアップさせる練習

ボードを面で踏む感覚を強化するためにも、細やかなエッジワークを身につけるためにも、そして正しいポジショニングを身体に覚え込ませるためにも、ターンができるようになったら、ブラシの上でのグラウンドトリックにチャレンジしよう。特にボードを進行方向に対して横にするボードスライドがオススメだ(雪上ではエッジを引っ掛けて繰り出すトリックもあるけれど、ブラシの上では痛い思いをするだけなので封印しておこう)。ボードをスライドさせている際に、エッジに加重しすぎたり、身体の軸が倒れてしまうと簡単に転倒してしまうので、絶妙なボードコントロールとボディバランスが必要になってくる。そのベストポジションが確認ができるという点で、グラトリは効果的なのだ。ここでは、フロントサイド・ボードスライドの一連の流れを紹介するぞ。

FRONTSIDE BOARD SLIDE
フロントサイド・ボードスライド

フロントサイド・ボードスライドのポイントレッスン

01
抜重して
キッカケづくり

スライドに移行する前には、しっかり抜重すること。そのほうがスムースにボードを横に向けることができるぞ。

▶▶▶

02
できるだけ
広い面で踏む

ボードを横にしたらエッジに加重しすぎず、面（できるだけ広い面積）を意識して、確実にボードを踏み込もう。

▶▶▶

03
上半身の
サポートも重要

ボードが回りすぎないように、上半身はボードを回した方向と反対方向にひねってバランスをとることも忘れずに！

▶▶▶

04
再び抜重して
ボードを戻す

満足のいくスライドができたら、上半身のひねりを戻す反動を利用して、再び抜重しながらノーズを進行方向へ。

■◀ FRONT VIEW

▶ FOR SMOOTH JUMP

安定したジャンプのために……

基本姿勢の再確認、ターンなどの超基本スキルの見直し……などを行ったところで、ジャンプにおける基本アクションも復習しておこう。

"飛ばされている"から"飛ぶ"へ

雪山でもジャンプ練習施設でも、アプローチ部分を直滑ってキッカーに向かうことで、ある程度のスピードがあれば、まったく踏み切らずにリップを抜けても、一応"飛ぶ"ことは可能だ。いや、これは単に空中に浮いてしまっただけで、"飛ばされている"と呼ぶべきだろう。そんな状態では、狙っているグラブもできないし、1回転スピンを繰り出すことなんて夢のまた夢。高く安定感のあるエアを実現するためには、何よりもオーリーというアクションが必要なのだ。ただ、いきなりキッカーで正しいオーリーを身につけるのは難しいもの。その

ため、キッカーに挑む前にはフラットバーンで練習するのがオススメだ。ポイントは、スピンをしないときはどちらのエッジにも加重しないこと！ 丁寧なオーリーができないと、雪では少しくらいなら誤魔化せても、ブラシではあっさりと失敗に繋がってしまうぞ。また、高さを追求しすぎて、とにかく力強く踏み切ることばかりを意識しても、逆にヤラれやすくなるので要注意。少しは余力を残しておかないとバランスを崩しやすいのだ。それよりもボードのフレックスを活かし、タイミングよく踏み切るだけで予想以上に高く飛べることを覚えておこう。

OLLIE
オーリー

オーリーのポイントレッスン

01
**まずは
パワー充電から**

適度なスピードをキープしつつ、腰を落とした重心の低い姿勢をとっておき、確実に踏み切ることができるパワーを下半身にため込んでおこう。

▶▶▶

02
**上半身で
サポートする**

踏み切りを狙っているポイントが近づいてきたら、前足と上半身を引き上げつつ、ボードがしなったタイミングに合わせて後ろ足で軽く踏み切ろう。

▶▶▶

03
**コンパクトな
姿勢がキモ**

身体とボードが宙に浮いたら、両腕を広げてバランスをとりながら、エアのピーク付近でもっともコンパクトな姿勢になるように、両足を胸に引きつけよう。

▶▶▶

04
**着地の衝撃を
和らげるクセを!**

着地点が近づいてきたら両足を軽く伸ばし、そしてヒザをやわらかく使ってランディングの衝撃を吸収しよう。理想は両足同時の着地だ。

🎥 **FRONT VIEW**

▶ ATTENTION
ジャンプ練習施設での注意点

よりジャンプ練習施設を効果的に利用するために、絶対に忘れてはならない心得がある。決して練習のための練習で終わることがないように！

常に雪山をイメージして練習すること

雪山で華麗なジャンプを繰り出したいと思っている人にとって、ジャンプ練習施設はゴールじゃなく、あくまでも通過点にすぎないはず。だからこそ、常に雪山を想定しつつ、的確なラインどり、絶妙なエッジワーク、完璧なスピードコントロールなど、ひとつ一つの動きを丁寧に行う意識を忘れずに練習しよう。そうしないと練習施設のための練習になりかねないぞ。確かにトリック数が増えるのは楽しいこと。だけど、練習施設特有のテクニックを身につけても、いざ雪山でチャレンジしたときにメイクできなければ意味はないのだ。きちんとしたゴールを見据えて、「雪山⇄練習施設」を上手く併用することができれば、"＋（プラス）"ではなく"×（カケル）"の速度で上達するはずだ。

STRAIGHT AIR
ストレートエア

きちんと順序を踏むことで……

ジャンプ練習施設は、ムチャなトリックにトライしても大ケガに繋がりにくい環境が整えられているけれど、例えばダブルコークの視界を一度だけ味わってみたいという人以外は、そのベースとなるトリックを習得していないかぎり、ダブルコークを繰り出すべきではない。なぜなら、目立ちたいからという理由で自分のレベルを遥かに越えたトリックを覚えようとしたり、基本となるスキルがないのに難解なトリックにチャレンジしても、覚えるのに時間がかかるだけなのだ。いや、ジャンプ練習施設でメイクできたからと、トリックを覚えたと勘違いして天狗になってしまうと、いざ雪山でチャレンジしても、きっとケガに繋がってしまうだろう……。何事もそうだが、物事には順序があるのだ。

02

BASIC (STRAIGHT AIR)

ストレートエアの基礎を覚える

この章では、あらゆるジャンプの土台となるスキルを固めるべく、ストレートエアの基礎部分を深く掘り下げて解説していくぞ。

▶ BEFORE JUMP
ジャンプに挑む前に……

キッカーでジャンプする前には、まず、これから自分が飛ぶアイテムを必ずチェックすること。立派なキックだけど、実はランディングがなかった……なんてことがないように！ ケガをしてしまうと上達は、夢のまた夢になってしまうぞ。

キッカーの事前確認はマスト

キックのR部分は要チェックポイント

着地部分の長さや斜度も確認しよう

チェックと同時にイメージも!

キッカー全体を観察するときは、キックの形状、テーブルの長さ、ランディングバーンの長さや斜度といったアイテム自体のチェックだけでなく、アプローチ時のベストスピードはどのくらいで、滞空時間はどれくらい……など、さまざまな要素も確認しておこう。それと同時に、どこでどんなアクションが必要になってくるのかも、あらかじめイメージしておくこと。そうすることで、実際にトライするときに身体は格段に動かしやすくなるぞ。また、すでに華麗なジャンプを繰り出してる人がいれば、その人のスピードや一連の動きを参考にするのもオススメ。もちろん、サイズの小さなアイテムからトライするなど、無謀なチャレンジは避けることも大切なポイントだ。

▶ BEFORE TAKE OFF

クリーンなテイクオフへと導くアプローチ

安定したエアをメイクするためには、何よりも安定したテイクオフが欠かせない。それでは、安定したテイクオフを可能にするためには？ 答えは、安定したアプローチ。ここを疎かにせず、ジャンプの一環と考えて練習しておこう。

下り斜面を制する

安定したアプローチを実現するためには、何よりも正しいポジショニングでボードを踏み込んでおくことがマスト。特に、雪以上にボードコントロールのシビアなブラシがアプローチ部分に敷き詰められているジャンプ練習施設では、常にきちんとボードを踏み込める体勢を整えておく必要があるのだ。そのため、スタート直後から、身体の軸は斜面に対して垂直になるような姿勢をとっておかなければならない。しかも、リップの直前で慌ててオーリーの準備に入らなくても済むように、ある程度は前もって、腰を落とした重心の低い姿勢をキープしておくことが大切だと覚えておこう。

DOWN｜下り斜面

FLAT｜フラット部分

Gに負けない姿勢を！

キックが近づくにつれアプローチ部分の斜度は緩くなるので、その斜度変化に合わせて身体の軸を起こしはじめよう。ただし、斜度が0°に近づくからといって気を抜かないように！ このフラット部分は、むしろ一番の気合いの入れどころ。リップをしっかりと見据えて、キックを上りはじめるときに身体にかかってくるGに負けないように、しっかりと両足でボードを踏み込んでおこう。だが、気合いを入れるといっても、決して力みすぎてガチガチにならないように注意すること。

UP｜キックの上り

斜度に体軸を合わせる

キックを上りはじめたら、的確な重心移動を行いつつ身体の軸を上り斜面に合わせよう。ただし、絶対に後傾にはならないこと。もし後傾になってしまうと、ボードを強く踏み込めないだけでなく、テイクオフ時に簡単にマクられてしまうぞ。上り斜面に体軸を合わせると後傾になるのでは？という疑問が出てくるかもしれない。だが、実際はスピードがあるので、斜面に対して身体の軸を垂直にするほうが踏ん張りやすいのだ。あとは、リップを見据えてテイクオフのタイミングを計っておこう。

▶ BEST TAKE OFF
正しいテイクオフの極意

STRAIGHT AIR
ストレートエア

◀ ZOOM VIEW

安定したハイエアを繰り出すコツ

いくら高いエアを追求したいからと言っても、100%の力でオーリーを仕掛けるのは避けたほうがベター。ある程度は余力を残しておかないと、結果的に空中でバタバタと暴れまくるエアになりかねないのだ。フルパワーで踏み切らなくても、きちんと高さを出せる抜けは存在するということを覚えておいてもらいたい。その極意をひと言で表すならば、キックの形状、つまりRに合わせてタイミングよくボードを抜くことにある。これができればマクられることなく、また空中で身体が前のめりになることもない。そのコツとは？ ①ボードのセンターに重心を置いた状態をキープすること、②足だけでなく上半身を引き上げるなど全身でオーリーをサポートすること、③どちらのエッジにも加重しないこと、④後ろ足がリップにさしかかるタイミングで踏み切ること。以上の4点に注意しておけば、ボードのフレックスを活かしたナチュラルでスムースなテイクオフが可能となるのだ。

多くのハウツー本では、ハイエアを実現するならば"パワフル"なオーリーが必要だと書かれている。だが、それは本当に正しいのだろうか？ 確かに間違いではないけれど……。ここでは、キッカーでの正しいオーリーを徹底解剖するぞ。

4コマ目でキックのRよりも頭の位置を急激に上げてしまった結果、ややマクられてしまった

頭のポジションが常にRと平行線上にある状態なので、テイクオフ後も重心はセンターに

頭の位置が安定感を左右する

ベストなテイクオフができれば、高さを稼げるだけでなく、空中で手をグルグルと回したり、バタバタと暴れることもないので、自然と空中で余裕が生まれる。もう、その空中遊泳の気持ちよさと言ったら……。そんなパーフェクトなエアを実現するためには、頭の位置がかなり重要になってくることはご存じだろうか？ 正しいオーリーを仕掛けるためには、上半身を引き上げるアクションが必要だと前述した。だが、そのときにキックの上りの角度（R）よりも頭を急激に引き上げてしまうと、バランスを崩しやすくなってしまうのだ。つまり、両腕（両肩）は勢いよく引き上げても問題ないが、常に頭とキックのRは同じ距離感をキープしながら引き上げることがポイントとなる。これができれば、上半身を引き上げているときもボードを踏み続けられるため、より安定したテイクオフへと繋がるというわけだ。また、踏み切るパワーも自然にアップするということも付け加えておこう。

▶ AFTER TAKE OFF
テイクオフ後の注意点は？

完璧なテイクオフができたら、次にやるべきことは？ 安定したエアを実現するためにも抜けっぱなしは厳禁。また、クリーンなランディングをするために必要なこととは？

決して焦るべからず！

リップからバッチリと抜けることができたら、その後は何もしなくてもOK……なわけはない。棒立ち状態ではクリーンなエアをメイクすることは不可能なのだ。より安定したエアを実現するためには、空中で身体をコンパクトにすることが重要になってくる。だが、焦ってテイクオフ直後から無理に両足を引きつける必要はない。実は、完璧なタイミングで踏み切ることができれば、強く意識しなくても空中でヒザを抱え込むような体勢を作りやすいのだ。エアのピークまでに、もっともコンパクトな体勢が作れるようになれば、安定感は驚くほどアップするぞ。

衝撃を吸収するために

ジャンプ練習施設はランディングにエアマットが敷かれているが、雪山を想定して着地の衝撃を全身で吸収する練習も怠らないように！ 具体的に説明すると……ピークを過ぎてランディングポイントが近づくにつれ、両足を軽く伸ばしはじめる。このとき、ヒザをピーンと伸ばしきらないように（完全に伸ばした状態を「10」とするならば、「7」くらいがベスト）！ あとは、そのヒザをサスペンション代わりに使って、着地時の衝撃を吸収すればOK。もちろん、理想は両足同時のランディングだ。

ATTENTION｜リカバリー力をアップ！ エアマットへのランディングは、ただ安全なだけでなく、身体にやさしい着地方法を覚えられる絶好の練習場でもある。その理由とは？

KINGSやQUESTといったジャンプ練習施設では、ランディングに斜度がつけられているので、着地後のボードの走らせ方、つまり、力の逃がし方などを身につけることができるのもメリットのひとつ。このテクを身につけておけば、ケガの防止にも役立つだけでなく、さまざまなシチュエーションでのリカバリー力のアップにも繋がるぞ。

▶ SHIFT

空中で自由に動くための第一歩

空中での安定性をさらにアップさせるため、また、スタイル全開のグラブを可能にするためにも、空中でボードを動かすシフトにチャレンジ。これができれば、ノーグラブでも魅せられるようになるぞ。

FRONTSIDE SHIFTY
フロントサイド・シフティ

BACKSIDE SHIFTY
バックサイド・シフティ

シフトのピークはエアのピークで!

空中でボードを進行方向に対して真横にするシフト。ヒールエッジを進行方向に向けるフロントサイド、トゥエッジを進行方向に向けるバックサイドと2種類のシフトが存在するけれど、そのコツは共通していると断言してもいいだろう。まず、シフトを仕掛けるのは、テイクオフ直後からではなくワンテンポ置いてからがオススメだということ。焦ってもバランスを崩すだけなので、エアのピークまでにボードをゆっくり横に向けられればOKという意識を持っておこう。そして、身体が伸び伸びの状態では行わないようにすることもポイント。最後のカギは、ボードを回した方向と反対方向へ上半身をひねっておくこと。そうすることで、着地体勢を整える際に上半身を元に戻す反動を活かせば、ノーズを進行方向へ向けやすくなるのだ。グラブの前にシフトを覚えておけば、簡単にグラブをスタイルアップさせやすくなるぞ。ぜひ、マスターしておこう!

FRONTSIDE SHIFTY
フロントサイド・シフティ

フロントサイド・シフティのポイントレッスン

01
**ストレートエアの
つもりで**

シフトをするからといって、テイクオフ時からエッジに加重しないように注意し、ストレートエアのイメージでオーリーすればOK!

▶▶▶

02
**カカトを
蹴り出す分だけ……**

リップを抜けてワンテンポ置いてから、胸を進行方向へ向けるように上半身を開きつつ、後ろ足のカカトを進行方向へ突き出そう。

▶▶▶

03
**ピークで身体の
ひねりをMAXに!**

ボードが回りすぎないように、上半身はボードを回した方向と反対方向に強くひねり続けよう。エアのピークあたりがシフトのピークだ。

▶▶▶

04
**上半身を戻す
反動をフル活用**

満足のいくシフトができたら、上半身のひねりを戻す反動を活かして、ノーズを進行方向へ向けよう。両足での同時着地を目指すことも忘れずに!

BACKSIDE SHIFTY
バックサイド・シフティ

バックサイド・シフティのポイントレッスン

01
**エッジに加重せずに
抜けること**

フロントサイドのシフト同様に、どちらのエッジにも加重せず、あたかもストレートエアであるかのようにリップを抜けることがポイント。

▶▶▶

02
**後ろ手を
背中側へ引っ張る**

空中に飛び出して軸が安定したら、後ろ手を背中側へ引っ張るように回しつつ、後ろ足のツマ先を進行方向へ突き出そう。

▶▶▶

03
**浮遊感を
感じながら……**

しっかりと身体がひねられた状態でエアのピーク付近に到達したら、浮遊感を感じつつエアのピーク過ぎまでその体勢をキープしよう。

▶▶▶

04
**上半身の動きが
キモになる**

ランディングが近づいてきたら、後ろ手でリードしながら上半身のひねりを元に戻しはじめよう。その反動でノーズを進行方向へ向けやすくなるぞ。

▶ GRAB
グラブをスムースにメイクするカギ

INDY
インディ

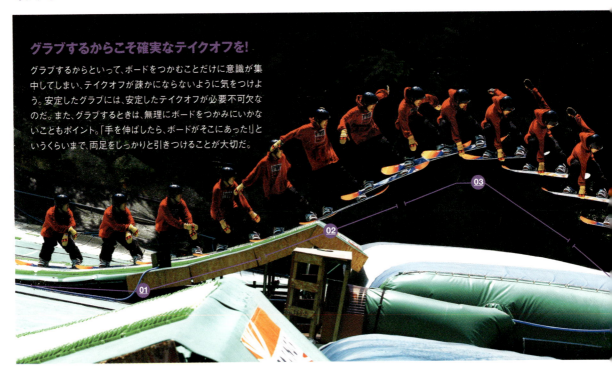

グラブするからこそ確実なテイクオフを!

グラブするからといって、ボードをつかむことだけに意識が集中してしまい、テイクオフが疎かにならないように気をつけよう。安定したグラブには、安定したテイクオフが必要不可欠なのだ。また、グラブするときは、無理にボードをつかみにいかないこともポイント。「手を伸ばしたら、ボードがそこにあった!」というくらいまで、両足をしっかりと引きつけることが大切だ。

▶ ZOOM VIEW

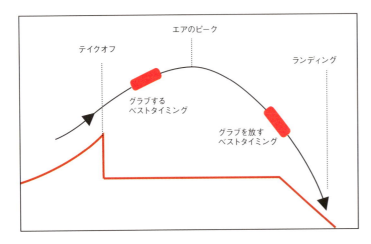

グラブのベストタイミングとは?

テイクオフした直後からボードをつかみにいく動作に入るのではなく、リップを抜けてからワンテンポほど置く意識を持っておこう。グラブするベストタイミングは、エアのピークにさしかかる少し手前あたり。早すぎる段階からボードをつかもうとするとバランスを崩しやすく、逆に遅すぎるとグラブする時間が短くなってしまうぞ。ちなみに、ボードから手を放すタイミングは、エアのピークとランディングのちょうど中間あたりがベストだということも覚えておこう。

ジャンプすること自体に慣れてきたら、いよいよグラブにチャレンジしよう。ここでは、もっともベーシックなグラブとされているインディを題材に、グラブ時の注意点をピックアップするぞ。

インディのポイントレッスン

01 グラブのことは考えない

基本的にグラブするときもしないときも、正確なオーリーを仕掛けるコツやタイミングは何も変わらない。そのため、キッカーの適正スピードでアプローチすることに集中しておこう。

02 焦って早抜けはしないこと

グラブするからといって焦る必要はない。頭のポジショニングに注意しながら上半身を引き上げ、キックのRに合わせて抜けられるように、確実かつ丁寧なオーリーを心掛けよう。

03 エアのピークまでにグラブ

空中に飛び出したら、ゆっくりと足を抱え込み、エアのピーク手前くらいで後ろ手で両足間のトゥエッジをグラブしよう。また、グラブしていない前手を引き上げてバランスをとることも忘れずに！

04 グラブを放してランディング

ランディングポイントが近づいてきたらグラブを放し、軽く足を伸ばして着地体勢を整えはじめよう。両足同時のランディングを目指し、全身で着地時の衝撃を吸収する意識も持っておくこと。

スタイルを出すならばどこ？

ポークなどでスタイルを出すためのベストタイミングは、エアのピークを過ぎたあたり。その付近は身体がフワッと浮くような、いわゆる無重力状態に近いポイントなので、身体を動かしやすいのだ。そのためにも、ピークにさしかかるまでにボードを確実につかんでおくことが重要。スタイルを出すときも、グラブ同様に焦っても何もいいことはないと覚えておこう。また、スピン中のグラブにも同じことが当てはまるので、まずはストレートエアで、そのタイミングを身体にしっかり覚え込ませよう。

▶ REPEATED PRACTICE

反復練習の重要性

「アプローチではアレをやって、テイクオフではコレがマストな動きで空中では……」と、頭であれこれ考えながら飛んでいては、まだストレートエアをモノにしていない証拠。その解決策は、反復練習にアリ！

反復練習で身体が覚えている状態に！

スタイリッシュなグラブをしたいのに、どうしてもイメージどおりにいかない場合は、その前段階のアプローチやテイクオフを改めてチェックしよう。グラブを意識しすぎた結果、アプローチやテイクオフの安定感が失われている可能性もあるのだ。頭のポジショニング、上半身の引き上げ、そのときの下半身の踏み込み、さらには踏み切るタイミング……などなど、ジャンプにおける基本中の基本動作だが、チェックするポイントは山ほどある。もしも、この段階で理想とするジャンプと少しでもズレが生じているようでは、グラブだけでなく、この先、レベルの高いトリックに挑戦するときに、そのズレ幅はさらに大きくなってしまい、どうしてもマスターできない……なんてことにも。何も考えずとも身体が勝手に反応し、安定したストレートエアを100発100中で繰り出せるようになるためには、同じ状況下で反復練習を行うのが効果的だ。つまり、リップの形状が変わらないジャンプ練習施設を活用するのがベターだということ。そして、ここが最重要ポイントだと認識し、地道な反復練習でストレートエアの安定度をアップさせよう。ただし、少し矛盾するけれど、天候や気温などで変化し続ける雪山のキッカーをイメージしておくことも大切だということは忘れずに！　ゴールはジャンプ練習施設ではなく、雪山にあるのだから!!　ゆくゆくは、どんなキックにでも対応できるスキルが必要になってくる。そのことを頭の片隅に置いて練習に励もう。

03

BASIC (SPIN)

スピンの基礎を モノにする

この章では、スピンに関する土台を固めるべく、スピン理論やさまざまな基本動作について伝授していくぞ。

▶ BEFORE SPIN

スピンにトライする前に……

キッカーでスピンを繰り出すときは、まずはストレートエアで、そのキッカーに見合ったベストスピードを見極め、同時に滞空時間なども把握しておこう。少しでも恐怖心を取り除いてからスピンに挑むように！

INDY
インディ

基本スキルの再確認を！

スピンの練習をはじめる前には、ストレートエアでキッカーの特徴を確認するだけでなく、いま一度、ストレートエア自体が完璧かどうかもチェックしておこう。アプローチは安定しているか？ 基本姿勢でボードをしっかり踏めているか？ キックを上りはじめるときにGに負けていないか？ 全身を使ったテイクオフができているか？ リップを抜けるときにテールをきちんと使えているか？ マクられていないか？ 空中で前のめりになっていないか？ 空中ではコンパクトな体勢になっているか？ グラブするタイミングは適切か？ 着地の衝撃は吸収できているか？ ……などが確認事項の一例だ。ジャンプの基本となるストレートエアが安定しないと、イメージどおりのスピンを繰り出すことは難しくなってしまうぞ。

FRONTSIDE 180
フロントサイド180

BACKSIDE 180
バックサイド180

スピンの感覚をグラトリでつかむ

キッカーでのスピンに挑む前には、ストレートエアで試し飛びをするだけでなく、前もってフラットバーンでのグラトリやゲレンデの起伏を活かした地形遊びなどで、ボードを回す感覚をつかんでおくのがオススメ。ジャンプ練習施設でもフリーライドゾーンなどを利用して、グラトリのスピンにチャレンジしておくといいだろう。ただし、ブラシはボードコントロールが難しいので、ひとつ一つの動作を丁寧に行うこと！ また、スイッチランディングになることも考慮し、あらかじめスイッチでもブラシを難なく滑れるようになっておこう。さらに、常にキッカーでのジャンプをイメージしておかないと、グラトリだけの練習で終わってしまうので要注意。そのため、たとえ180といえども、きちんとラインどりを意識しておくことが大切だ。オンスノーも同様に、キッカーでトライする前にはフラットバーンで練習してからがオススメ。

FRONTSIDE 360
フロントサイド360

フロントサイド360のポイントレッスン

01 バックサイドターンを描きながら重心の低い姿勢でアプローチ

▶▶▶

02 上半身をスピン方向へ先行させつつ確実なオーリーを仕掛ける

▶▶▶

03 スピン方向へ目線を送りながら両足を抱え込みコンパクトな体勢に

▶▶▶

04 360に少し足りない状態でトゥサイド加重のブラインド着地を！

BACKSIDE 360
バックサイド360

バックサイド360のポイントレッスン

01 上半身を開いた状態のままフロントサイドターンでエントリー

▶▶▶

02 上半身を勢いよくスピン方向へ先行させながら踏み切ろう

▶▶▶

03 目線を進行方向へ送ると同時に両足を引きつけて一気にスピン

▶▶▶

04 着地後はヒールサイドに加重してボードのドライブを防ごう

▶ APPROACH LINE

スピンに必要不可欠なラインどり

スピンはターンの延長線上にある

そもそも、スピンとはジャンプ中に回転することを指すが、よほどの低回転スピンじゃないかぎり、空中に飛び出してからボードを回そうとしても手遅れだし、リップを抜ける一瞬にスピン方向への力を一気に加えても、実は時すでに遅し。スムースなスピンを繰り出すためには、アプローチ段階からの下準備が欠かせないのだ。その下準備こそが、"的確なラインどり"だ。これは、ターンするときにボードが曲がろう、回ろうとする力を利用することで、よりラクにスピンできるというもの。つまり、スピンとターンは切っても切り離せない関係……いや、むしろ「ターンの延長線上にスピンが存在する」、さらに「ターンを究極まで小さな弧にすればスピンになる」という意識を持っておいたほうがいいくらいだ。ただ、体格やクセなどによって、浅いターンがしっくりくる人もいれば、深く巻き込んだターンのほうがキッカケをつかみやすいという人もいるだろう(深く巻き込みすぎると、どうしてもエッジに乗ることになるため、バランスを崩しやすく、かつ高さを出しづらくなってしまうということは忘れずに!)。だからこそ、覚えたいスピンに必要な、そして自分に合ったベストなラインどりを発見するためには、常に同じ状況で反復練習が可能な、ジャンプ練習施設を利用することが有効なのだ。

FRONTSIDE SPIN
フロントサイドスピン

BACKSIDE SPIN
バックサイドスピン

CHECK POINT
フロントサイドスピンで描くべきラインどり

リップに到達するまでに逆Sの字を描くラインどり。トゥサイド→フラット→ヒールサイドと加重を切り替える。

① フロントサイドターンを描きながら両手を背中側に振っておく
↓
② 上半身をスピン方向にゆっくりと先行させつつボードをフラットに!
↓
③ 徐々にヒールサイドに加重を切り替え安定した姿勢のままキックを上る

CHECK POINT
バックサイドスピンで描くべきラインどり

リップへ到達するまでにS字を描くラインどり。ヒールサイド→フラット→トゥサイドと加重を切り替える。

① バックサイドターンの後半に上半身を開いてテイクバック
↓
② 徐々に上半身をスピン方向へ先行させながらフラットに踏み込む
↓
③ エッジが入りすぎないように注意してフロントサイドターンに切り替える

スムースなスピンを放つために必要なこと。それは、これまでにクドイくらいに述べてきたとおり、アプローチでの的確なラインどりだ。ターンの力を活かせば、スピンはラクになる。改めて、深く掘り下げて説明しよう。

FRONTSIDE SPIN
フロントサイドスピン

BACKSIDE SPIN
バックサイドスピン

アプローチのときに注意すべきこと

実際にラインを描きながらアプローチするわけだが、何度もターンを繋ぐ必要はないということを覚えておこう。ラインどりが重要といっても、実はリップを抜ける直前の2ターン（人によっては3ターン）を意識的に行うだけでOKなのだ。何度もターンを繋いでアプローチしようとすると、逆にタイミングをつかみづらく、リズムも悪くなってしまうので要注意。さらに、これは雪山の話になるけれど、パークにあるキッカーはすべて同じ形状をしているわけではないので、適切なラインどりはキッカーによって異なるもの。だからこそ、キックの3m手前でターンを切り替える……といった具合に、何かを目安に決めつけてエントリーするのは避けること。もしキックが短ければ？ もしキックが長ければ？ 大切なのは、キックの形状を確認し、テイクオフ時にベストな体勢になるラインどりを描くことなのだ。

▶ TAKE OFF
スピンを成功に導くテイクオフ

キレイなラインどりでアプローチができても、それをスピンに活かすことができなければ意味はない。その重要な橋渡し役、いや、あらゆるジャンプでの最重要項目でもあるテイクオフについて説明しよう。

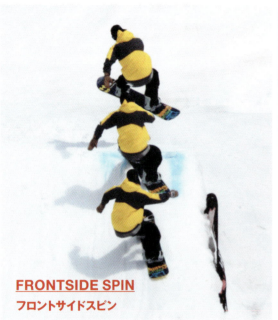

FRONTSIDE SPIN
フロントサイドスピン

BACKSIDE SPIN
バックサイドスピン

ズリ抜けは悪くない!?

「スピンを繰り出すとき、上半身は先行させても、ボードはリップを抜けるまで絶対に回さない」。これが正しいテイクオフだ……と今まで言われてきた。だけど、ターンの力を利用する抜けでは、少し考え方を改めたほうがベター。それでは、そのことを実証しよう。まず、その場に両足を軽く広げて立ち、上半身だけを思いきりひねってみよう。そうすると、限界までひねった直後、勝手に上半身が元に戻ろうとするはず。この戻ろうとするパワーこそが、スピンの回転力を止める原因となるのだ。では、理想の抜けとは? それがキレイな"ズリ抜け"。ボードのセンターに乗った状態のまま、的確なラインを描きながらリップへ向かえば、ボードのセンター1点に加重しているため、そのターンに連動してボードが勝手に回りはじめる。だが、この動きを完全に止める必要はない。むしろ、その力を上半身→腰→下半身でサポートすることにより、さらにスピン力をアップさせることができるのだ。このとき、ボードを上手く回せないと身体がひねられすぎるため、スピンと反対方向へ働く力が生じてしまい、結果的に回転力の妨げに……。トップコンペティターのテイクオフを観察すると、やや抜けが早いように思えるかもしれないが、実は、テイクオフ時のボードの扱い方が上手すぎるため、ボードが自然と回っているように見えるだけなのだ。ただし、単にズリ抜けをすればいいわけではない。ボード(エッジ)全体がズレるのはNG。ボードのセンターを釘で刺したかのように、ノーズとテールが同じように回転するのが正しいズリ抜けだということを覚えておこう。

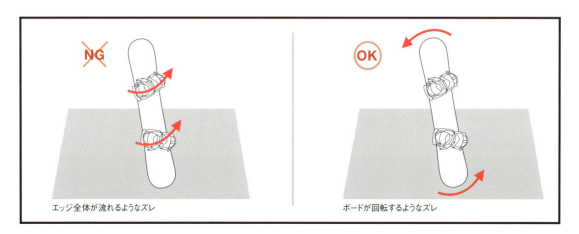

エッジ全体が流れるようなズレ　　ボードが回転するようなズレ

正しいズリ抜けをする条件

スピンの回転数によって、またキッカーのサイズによって、上半身の先行動作の強さは変わるけれど、一貫して変わらないのは身体をひねりすぎないということ。理由は前述したとおり、限界まで身体をひねると、元に戻ろうとする力が発生するからだ。そのため、ターンで生じる力に合わせて、また上半身の先行動作に合わせて、上手くボードをズラしながらテイクオフしなければならない。この絶妙な力加減やタイミングを覚えるのは難しいけれど、そこはジャンプ練習施設などで繰り返し練習して慣れるしかない。また、正しいズリ抜けをするための条件がある。それは、きちんとテールを使って抜けること。テールをリップに合わせて踏み切ることができないと、スムースなスピンには繋がらないし、高さを出すこともできなくなってしまうぞ。また、180や360くらいの低回転スピンであれば、リップを抜ける前にボードが回りすぎてしまうと、逆にコントロール不能になりやすいので、その点にも注意しておこう。

FRONTSIDE SPIN
フロントサイドスピン

BACKSIDE SPIN
バックサイドスピン

フロントサイドスピンのテイクオフ直前

よりナチュラルなスピンを繰り出すためには、あらかじめ両腕をスピンと反対方向へ振って先行動作のタメを作っておこう。そして、上半身をスピン方向へゆっくり先行させながら、ボードへの加重をフラットに切り替え、そこから徐々にヒールサイドへと加重していくこと。急激なエッジの切り替えは必要ない。また、キックを上っているときにヒールエッジへの過度な加重は、バランスを崩したり、横っ飛びの原因になるので要注意。これを防ぐためには、前足はフラットを意識しつつも、後ろ足だけでヒールサイドに加重するイメージを持っておくのがオススメだ。そうすれば、ラインがズレにくくなると同時に、身体の軸も背中側へ傾きにくくなるぞ。

◀ ZOOM VIEW

フロントサイドスピンの
テイクオフの瞬間

リップが近づいてきたら、上半身をスピン方向へ
さらに先行させながら、後ろ足がリップにさしか
かったタイミングに合わせてテイクオフ。ただし、
両足でヒールエッジに加重してしまうと、体軸が背
中側へ傾きやすく、バランスを崩す原因になるの
で気をつけよう。スムースにテイクオフするための
極意は、リップを抜けるときに先ほどまでフラット
を意識していた前足はヒールサイド加重に、後ろ
足はフラットに切り替えて踏み切ること。この加
重の切り替えにより、上半身と骨盤がスピン方向
へ開きやすくなり、空中でもスピンをリードしやす
くなるのだ。また、ボードをねじりやすくもなるの
で、そのトーションを活かせば回転力アップにも
繋がるぞ。しかも、テールをフラットにした状態で
オーリーを仕掛けられるので、高さも出せるという
一石三鳥な抜けが可能となるのだ。

◀ SIDE VIEW

バックサイドスピンのテイクオフ直前

キックの直前でフロントサイドターンに切り替える前までに、上半身を開いてバックサイドスピンをスムースに繰り出すための先行動作のタメを作っておき、キッカーに適したタイミングで上半身をゆっくりスピン方向へ先行させはじめよう。そして、その先行動作に合わせるように、ボードへの加重をフラット→トゥサイドへと徐々に切り替えること。

ただし、特にトゥサイドはエッジが雪面に入りやすいので、トゥサイドの面を意識してボードに乗り込んでおくことが大切だ。また、身体の軸を腹側に倒れにくくするためにも、前足はできるだけボードをフラットに踏み込む意識を持っておき、後ろ足メインでトゥサイドに加重しておくこと。あとはキックの形状に合わせてオーリーの準備に入るだけだ。

◀ ZOOM VIEW

バックサイドスピンの
テイクオフの瞬間

フロントサイドスピン同様に、後ろ足がリップにさしかかったあたりが、テイクオフのベストタイミング。ただし、リップを抜けるときは、身体の軸が腹側に倒れすぎた、寝抜けにならないように気をつけておくこと。安定したフラットスピンを繰り出すためには、身体の軸を起こした体勢でテイクオフすることが重要なのだ。また、ターンの力だけでボードを回そうとすると、トゥエッジが入りすぎてしまう可能性が高く、しかも、超低空エアに陥りやすいので注意しておこう。リップを抜けるときのポイントは、上半身をスピン方向へ先行させながら、前足はフラットからトゥサイド加重に、後ろ足はトゥサイド加重からフラットになるように、ボードへの踏み込み方を切り替える意識を持っておくこと。そうすれば上半身を先行させやすく、テールを使い切ったテイクオフがしやすくなるぞ。

◼◀ SIDE VIEW

LESSON.03 **BASIC (SPIN)**

▶ AIR
スピンするときの空中動作

完璧なテイクオフができたら、空中では身体をコンパクトにするだけでは、スムースなスピンには繋がらない。安定したスピンを実現するためには、空中での先行動作や回転力を弱める動きなどが必要になってくるのだ。

FRONTSIDE SPIN
フロントサイドスピン

BACKSIDE SPIN
バックサイドスピン

身体をロックさせることがポイント

空中に飛び出して両足を引きつけるだけで、上半身の先行動作に合わせて、腰→下半身→ボードの順にスピンがスタートする。そして、上半身を常に少し先行させた状態のまま身体をロックすることにより、アプローチやテイクオフで作った回転力を持続することができるのだ。ただし、回転数が増えれば増えるほど、空中でもスピン方向へ目線や上半身をさらに先行させ続ける必要があるということは覚えておこう。また、空中で着地点を確認したら、後傾にならないように着地体勢を整えることもポイント。着地を見続けながらのランディングになるか、目線を進行方向へ送らないブラインド着地になるかによっても整えるべき体勢は変わってくるのだ。これらに関しては、今後、それぞれのスピンを解説するときに、詳しく掘り下げていくぞ。

スピンにおけるグラブのタイミング

空中に飛び出した直後から、グラブするための動作に入る必要はない。むしろ、慌ててグラブしようとすると回転力を失ったり、バランスを崩しやすくなってしまうだけだ。スピンでグラブするベストタイミングは、ストレートエア同様に、エアのピークにさしかかる少し手前。グラブするタイミングが遅すぎると、上半身の先行動作を下半身→ボードへとリンクできずに、狙いどおりの回転数まで届かない……なんてことも。ちなみに、ボードから手を放すタイミングは、エアのピークとランディングのちょうど中間あたり。右のイラストと下の360スピンの連続写真を見てもらえれば、これらが理解できるはず。グラブのタイミングは、ストレートエアとまったく同じだと覚えておこう。

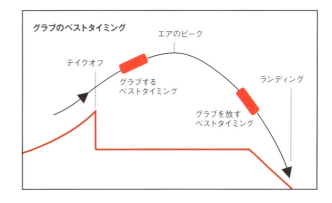

FRONTSIDE 360
フロントサイド360

BACKSIDE 360
バックサイド 360

▶ LANDING

スピンでビタ着するために

スピンしたあとにクリーンなランディングで締めるためには何が必要なのだろうか？ それは、横方向の力を抑え込みながら、ランディング時の衝撃も吸収しなければならないということ。そのために行うべきこと、ちょっとしたコツを解説していこう。

FRONTSIDE 540
フロントサイド540

BACKSIDE 540
バックサイド 540

着地体勢の違いによって……

ランディングポイントが近づいてきたら、ストレートエア同様に両足を軽く伸ばして、あらかじめ着地時の衝撃を和らげられる体勢を整えておこう。そして、ヒザをサスペンションのように使いながら、全身で衝撃を吸収しながらランディング。これは基本中の基本事項。さらに、スピンしてからランディングするときは、基本的に両足同時に雪面をとらえるのがベスト。ただ、意識的に加重割合を変えたほうがベターなケースもある。着地点を確認しながらランディングする場合は、両足均等の加重割合で問題ない。だが、ブラインド着地になると、ランディングするときに進行方向側にくる足に60%ほど、後方にくる足に40%ほどの力配分でボードを踏み込む意識を持っておこう。腰をやや進行方向へ突き出したような体勢での着地になるが、ビタッと回転を止めやすく、ボードのドライブも防ぎやすくなるのだ。

ブラインド着地は少しズルしよう!

ブラインド着地の場合、着地時に横方向の回転力を抑え込むためには、少し回転の足りない状態でランディングするほうが、着地後にボードがドライブしづらくなる。例えばフロントサイド360であれば、ボードを340～350ほど回したあたりで、トゥサイドを意識しながら着地したほうがベター。そしてランディング後に、ややヒールサイドに加重することで踏ん張りやすくなり、回転力も止めやすくなるのだ。そう、ブラインド着地は少しズルしたほうがいいと覚えておこう。

フロントサイド360の場合

テイクオフ
10～15°であれば
ボードが回っていてもOK

エアのピーク
半分の180°に少し足りない
150～160°まで回すのが◎

ランディング
340～350°くらいで着地
あとは回転力を抑え込む

FRONTSIDE 360
フロントサイド360

04

OFF SNOW → ON SNOW

--

雪山で効率よく練習する秘訣

ここまでは、ジャンプ練習施設をメインに、さまざまな理論や基礎スキルを徹底的に解説してきた。この章からは、その主戦場を雪山に移し、より実用的で効率的な練習法を伝授していく。

▶ CHECK POINT
チェックすべきポイント

ジャンプ練習施設から雪山へフィールドを移すときに、真っ先に取り戻しておきたい感覚がある。それがスピード感覚と、エッジ感覚（エッジワーク）だ。雪山で安全にジャンプするためにも、これらの重要性を理解しておこう。

絶対音感ならぬ絶対速感

多くのジャンプ練習施設では、決められたスタート地点からアプローチを開始することになる。よほどのことがないかぎり、安全なランディングポイントまでオートに飛ぶ（たどり着く）ことができるだろう。だが雪山のキッカーでは、目安となるスタート位置はあっても、結局のところ、雪の状況次第でスタート位置もアプローチスピードも自分で調整しなければならない。だからこそ、どのくらいの速度で、どのくらい飛べるのか……というスピード感覚が重要になってくるのだ。雪とブラシの加速感の違い、軽くチェックを入れたときの減速の違いなども確認しておこう。

どのくらいの斜度をどのくらい滑れば、どのくらいの速度が出るのかチェックしよう

ブラシとのスピードアップの違いを感じよう

ATTENTION
知っておくべき注意事項

ジャンプ練習施設でさまざまなトリックのコツを覚えた人であれば、誰もが雪山で早く試したいと思うはず。だけど、いくつか注意点があるので、雪山でジャンプにトライする前にぜひ知っておこう。

絶対に過信しないこと

ジャンプ練習施設では、雪の代わりにブラシがアプローチ部分に採用されているけれど、似ているとはいえ、やはり雪と滑る感覚は違うもの。雪は日によっても時間によってもコンディションが変わる、いわばナマモノ。いくら雪よりもボード操作のシビアなブラシを自由自在に滑ることができるといっても、まずはシーズンイン直後は雪の上を滑り込み、その感覚に慣れよう（取り戻そう）。練習施設で特訓した人に多く見受けられるのは、シーズンイン直後のケガ。雪の感覚に慣れる前に、自分のスキルを過信してジャンプしてしまった結果、ランディングバーンまで届かなかったり、逆に飛びすぎたり、さらには横っ飛びしすぎたり……。そういった事態を防ぐためにも、まずはフリーライドにしっかり取り組むこと。スピード感覚やエッジ感覚などを鍛えることが、実は遠回りに思えても、そのほうが近道なのだ！

ブラシよりもエッジング
しやすいけれど……

カチコチのアイスバーンじゃないかぎり、雪はブラシよりもイメージどおりにエッジを喰い込ませやすいのが特徴だ。つまり、ブラシに比べるとエッジングがかなりラク。だけど、決してエッジだけに頼ることなく、雪山でもソールの"面"を意識しながら、ターンすることを心掛けておこう。また、スピンを繰り出したいのであれば、確実にカービングできるようになっておくこと。繊細なエッジワークができないと、アプローチでのラインどり、テイクオフ時に必要な動作を、正確にこなせなくなってしまうぞ。さらに、雪は滑る場所（日向や日陰、さらにはエリア）、滑る時間（朝や夕方、さらには季節）などによってコンディションが変化するので、臨機応変な対応力も欠かせないということを忘れずに！

ブラシの上では丁寧なカービングを

スピンを繰り出すときには、完璧なカービングのスキルがマスト

ブラシと雪の違い

雪に比べると、すぐにエッジが入ってしまったり抜けてしまうのがブラシの特徴なので、自由にターンしたいのであれば、雪以上に繊細なエッジングが必要になってくる。それゆえ、ブラシを滑り込むことでワンランク上のボードコントロールが身につくと言われている。一方、雪はブラシに比べてラクにエッジを喰い込ませることができるけれど、柔らかい雪、アイスバーンといった具合に常にコンディションは変わるので、そのときの状況に合わせた踏み込みが重要になってくる。

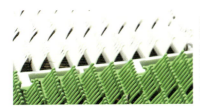

ブラシ攻略ポイント
①基本的に深いエッジングはNG
②前足のエッジを入れすぎない
③パウダーのように後ろ足で操作

雪攻略ポイント
①常にコンディションが変化する
②状況に合わせた踏み込みを！
③エッジングはラクだが丁寧に！！

▶ STEP BY STEP

段階を踏んだスキルアップを!

雪山を滑り込んで、さまざま感覚を取り戻したからといって、すぐにパークでジャンプするのではなく、次はフリースタイルな動きにも慣れておこう。そしてジャンプするにしても徐々に……が基本。キーワードは"急がば回れ"だ。

フリースタイルな動きに慣れる

雪を滑る感覚に慣れてきたら、雪山のキッカーに挑む前に、フラットバーンや地形を活かして飛んだり回ったりといったアクションにもトライしよう。オーリーでテイクオフのベストタイミングを見極めたり、ボードのフレックスを確かめたり、スライド系のトリックでボードの面で踏み込む感覚やエッジワークを研ぎ澄ませたり、180などでエッジを使いながら踏み切ったり、ボードを回すために必要な動きをチェックしたり……。雪の上でのフリースタイルなボード操作に慣れておくこと。こういった細かな動きをチェックすることが、キッカーでのジャンプに必ず役立つので、グラトリを決して侮ることなかれ!

OLLIE オーリー

オーリーのポイントレッスン

01 腰を落とした重心の低い姿勢を! ▶▶▶ **02** 上半身で力強い踏み切りをサポート ▶▶▶ **03** 両足を引きつけて身体をコンパクトに ▶▶▶ **04** 全身で着地時の衝撃を吸収しよう

FRONTSIDE BOARD SLIDE
フロントサイド・ボードスライド
トゥサイドの面を意識してスライドしよう

BACKSIDE BOARD SLIDE
バックサイド・ボードスライド
わずかにヒールサイドに加重してスライドする

FRONTSIDE 180 フロントサイド180

フロントサイド180のポイントレッスン

01 軽めのヒールサイド加重でアプローチ ▶▶▶ **02** 上半身を開きつつ確実なオーリーを! ▶▶▶ **03** 着地点を見ながら両足を引きつける ▶▶▶ **04** 胸を進行方向へかぶせて後傾を防ぐ

まずはストレートエアから！

ジャンプ練習施設でスピンのコツをつかみ、100発100中でボードから着地できるからといっても、雪山でいきなりスピンにトライしないほうがベター。練習施設のジャンプ台とは異なり、雪山のキッカーは形状が千差万別（同じキッカーでも整備次第で微妙に形状が異なる場合もある！）なのだ。また、雪とブラシでは少なからずオーリーの感覚が違ったり、さらにはスピンを繰り出そうにも、リップでのエッジの入り方などが違ったりする……ということも、オススメできない理由だ。まずはストレートエアをとことん練習し、雪山のキッカーで飛ぶ感覚に慣れること。もちろん、最初はノーグラブで問題ない。

STRAIGHT AIR (NO GRAB)
ストレートエア（ノーグラブ）

ストレートエアのポイントレッスン

01 テイクオフポイントを見定め、重心の低い姿勢でアプローチ ▶▶▶ **02** 上半身を引き上げながら、キックの形状に合わせた抜けを！ ▶▶▶ **03** 両手を広げてバランスをとり、コンパクトな姿勢をキープ ▶▶▶ **04** ヒザをクッション代わりに使い、着地時の衝撃を吸収しよう

スピンの前にグラブを完璧に!!

SMALL KICKER | スモールキッカー
INDY インディ

BIG KICKER | ビッグキッカー
INDY インディ

ストレートエアを繰り出すときも、ジャンプ練習施設で覚えた、さまざまな基本動作を確実に行うことが重要だ。アプローチ時の重心位置は？ テイクオフまでの身体の使い方は？ 正しいテイクオフとは？ 空中に飛び出してからやるべきことは？ 着地の合わせ方は？などなど……。そして、ノーグラブのストレートエアが完璧にこなせるようになったら、次はグラブにトライしよう。スムースなスピンを繰り出すためには、空中であれこれ動ける余裕が必要なのだ。もちろん、そのときもグラブするベストタイミングは？ グラブでスタイルを出すタイミングは？ グラブを放すタイミングは？ といったグラブの基本事項をきちんと復習しておこう。もちろん、いきなりビッグサイズのジャンプをチョイスせず、サイズの小さなキッカーから練習することも忘れずに！

▶ KING OF GRAB
人気グラブ・トゥイークをマスターせよ

TWEAK
トゥイーク

トゥイークのポイントレッスン

01
緩めのフロントサイド
ターンでリップに向かおう

▶▶▶

02
ややトゥサイド加重を意識し
軽く踏み切ってリップを抜ける

▶▶▶

03
後ろ足を蹴り出す分だけ
後ろ手も進行方向へ突き出す

▶▶▶

04
全身でランディングの
衝撃を吸収すること

◀ ZOOM VIEW

アプローチ段階からコツがある

ストレートエアに分類されるトゥイークだが、空中でボードをバックサイド方向へシフトさせるので、実は、バックサイドスピンと同じラインどりでエントリーするのがオススメ。……といっても、深く巻き込んだターンを描く必要はまったくない。あくまでも"キッカケづくり"というイメージを持っておこう。もちろん、腰を落とした重心の低いコンパクトな姿勢でリップに向かうことも忘れずに! また、ターンの力を利用するだけでボードを横にしようとすると、どうしても横っ飛びになりやすい。そのため、リップ付近では軽いトゥサイド加重のまま、やや背中側へ飛び出すことを意識しておけば、ランディングバーンにまっすぐ向かいやすくなるということも覚えておこう。

ラインどりといっても浅く! エッジを軽く切り替える程度でもOK

ややトゥサイドに加重したまま、ボードだけを少し背中側へ抜こう

空中でボードを大きくシフトさせるため、ほかのグラブに比べると、さまざまなアクションが必要になってくるトゥイーク。ここでは、オーソドックスなスタイルのトゥイークをベースに、今まであまり着目されてこなかったコツなどを紹介していくぞ。

踏み切る必要がない!?

カッコいいジャンプに欠かせない要素のひとつ、それが"高さ"。だけど、キッカーでは無理に高さを求めてパワフルなオーリーを仕掛けても、かえってバランスを崩しやすいということは以前に説明した。大切なのは、キックの形状に合わせてボードを抜くことなのだ。しかも、トゥイークに至っては、何よりも空中でのスタイルが重要になってくる。バチッとスタイルを出せないことには意味がない。そのため、踏み切るというよりも、コンパクトな体勢のままリップを抜ける意識を持っておくのがオススメだ。まったく踏み切る必要がないというのは言い過ぎだけど、力強く踏み切った反動で身体がピーンと伸びないように注意しておこう。具体的に説明すると……。ややトゥサイドに加重した状態でボードがリップにさしかかったら、タイミングよくテイクオフできるように上半身を引き上げよう。あとは、後ろ足がリップに到達した段階で、タイミングを合わせる程度に、軽く踏み切ってテイクオフ。このとき、ボードをバックサイド方向へシフトすることを考慮し、上半身は進行方向へ開きすぎないこともポイントになってくるぞ。

リズムを大切にしよう

コンパクトな体勢のままリップを抜けたら、両足を引きつけて身体をさらにコンパクトにしながらメランコリーグラブをしよう。トゥイークは、身体をひねりながらボードをつかみにいくのではなく、グラブしてからひねったほうが、メリハリがついてカッコいいのだ。グラブをしたら前足を胸に引き込みつつ、後ろ足を進行方向へ蹴り出すと同時に、後ろ手も進行方向へ突き出せば、トゥイークの完成だ。グラブのピークのタイミングは他グラブと同じように、エアのピークを過ぎたあたりでOK。焦る必要はない。またグラブを放す前には、進行方向へ突き出していた後ろ手を元に戻しながらノーズを進行方向へ向けて、再びメランコリーの体勢をとっておくこと。①グラブする、②身体をひねって後ろ足を蹴り出す、③身体のひねりを戻す、④グラブを放す、というリズムが大切なのだ。

▶ ATTENTION
忘れてはならない注意事項

雪山のキッカーでテイクオフで失敗したからといって、ボードからランディングすることを諦めるなんてことがないように！ 雪山は常に本番。この意識を忘れずにキッカーに挑もう。

最後まで諦めるな！

雪山のキッカーでジャンプするときは、当たり前だけど、ボードから着地しないと痛い思いをすることになる。バグジャンプが設置されているパークでないかぎり、ジャンプ練習施設のように身体を優しく包み込んでくれるエアマットなんてどこにも存在しないのだから……。なので、たとえテイクオフでミスをして、そして空中でバランスを崩したとしても、そこで絶対に諦めないこと。練習施設でのジャンプに慣れきってしまった結果、エアマットでしか通用しない着地体勢をとってしまったら、大クラッシュに繋がる可能性は大。意地でも立つことを目指して、最後の最後まで必死になってリカバリーし続けよう。

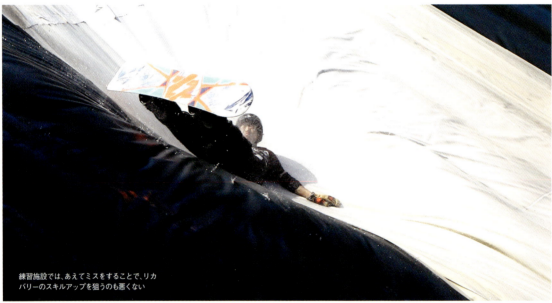

練習施設では、あえてミスをすることで、リカバリーのスキルアップを狙うのも悪くない

空中で不意にグラブが外れてバランスを崩しても、最後までリカバリーを！

05

180 SPINS

180スピンを
マスターするコツ

ここからは、ジャンプ練習施設で培ったスピンのスキルを雪山で実践することがメインテーマ。まずは、もっとも回転数の少ない180スピンから徹底的に解説していこう。

▶ FOR SMOOTH 180 SPIN

180スピンをスムースに繰り出ために……

どんなグラブでも余裕でこなせるくらいストレートエアの安定感がアップしてきたら、スピンの練習に取り組みはじめてもOKなタイミング。ただし、いきなり540や720にはトライしないように！ まずは180から着実にステップアップしていこう。

FRONTSIDE 180
フロントサイド180

BACKSIDE 180
バックサイド180

180スピンでも欠かせない基本動作

スムースなスピンを繰り出すために必要なアクションとは？ その答えは、これまで幾度となく解説してきたけれど、アプローチ段階の"ラインどり"にある。たとえボードを半回転させるだけの180スピンであっても、「スピンはターンの延長線上にある」という意識を忘れず、的確なアプローチラインを描きながらリップに向かおう。ただし、無理に回そうとして上半身を強く先行させてしまうと、180のような低回転スピンの場合は、ボードが回りすぎてしまう可能性が非常に高い。そのため、アプローチでキレイなラインを描くことができれば、あとはストレートエアのようなイメージでテイクオフするだけで回せるということを覚えておこう。

STEP UP │ 練習施設→雪山へステップアップ

効率よく練習するために忘れてはならないこととは？

FRONTSIDE 180
フロントサイド180

BACKSIDE 180
バックサイド180

雪は、ジャンプ練習施設のアプローチ部分にあるブラシに比べると、簡単にエッジを喰い込ませることができるけれど、スピンしようと意気込みすぎると、知らず知らずのうちに力んでしまい、エッジが予想以上に深く入りやすい。だからこそ、練習施設で修行したときのように、トゥサイドやヒールサイドの面を意識してボードを踏み込む必要があるのだ。エッジに乗りすぎるのは厳禁！

正しいテイクオフを忘れるな!

回すことだけに意識が集中してしまった結果、タイミングを合わせる程度の踏み切りすらできなかったり、高さを求めすぎた結果、パワフルすぎるオーリーを仕掛けてしまったり……。そんなテイクオフでは、安定した180スピンをメイクすることはできない。スピンも、キックの形状に合わせてタイミングよくボードを抜くことが重要なのだ。また、足だけでボードを蹴ろうとするのではなく、上半身を引き上げるなど、全身でテイクオフをサポートすること。さらに、後ろ足がリップにさしかかるまで待ってから踏み切ることも忘れずに! 早抜けしてしまうと、ラインどりの力を上手く活かせないのだ。

FRONTSIDE 180
フロントサイド180

BACKSIDE 180
バックサイド180

エアのピークをイメージする

スタイルによってはレイトで回す方法もあるけれど、まずは一定の回転速度でスピンできるようになろう。180スピンは、そのトリック名のとおり、ランディングまでにボードを180回せばいいので、そこから逆算すると、ピークまでにボードが90まで回転していればOKということになる。つまり、エアのピークでボードが真横を向き、かつ身体はフロントサイドであれば胸が、バックサイドであれば背中が進行方向に正対するような体勢になっていればいいのだ。このとき、ノーズとテールを結んだライン、左右の腰骨を結んだライン、両肩を結んだラインが、それぞれ雪面と平行になっていることがポイント。この体勢がとれれば、スピンの安定感はグッとアップするぞ。また、エアのピークでボードが90以上回っていると、スピン後半は余分な回転力を抑えるために、バタバタと身体を動かすなど、リカバリーするハメになってしまうので要注意。焦って回そうとする必要はないのだ。ピークを過ぎてからも無理にボードを回そうとせず、むしろ180以上回りすぎないように耐えることが重要だと覚えておこう。

FRONTSIDE 180
フロントサイド180

■◀ SIDE VIEW

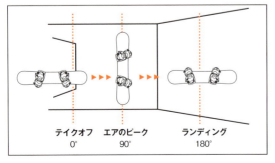

テイクオフ 0°　エアのピーク 90°　ランディング 180°

BACKSIDE 180
バックサイド180

■◀ SIDE VIEW

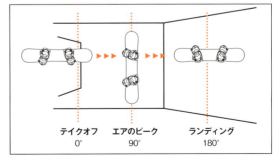

テイクオフ 0°　エアのピーク 90°　ランディング 180°

※イラストには、スピンの数値をイメージとして書き込んでいるが、多少の誤差や回転数がわずかに足りない分には問題ない。回りすぎにだけは要注意！

FRONTSIDE 180
フロントサイド180

BACKSIDE 180
バックサイド180

目線を止めることの重要性

カービングターンがそうであるように、スノーボードは目線を送った方向へ動き（進み）やすいもの。そのため、スムースなスピンを繰り出すうえで、目線を先行させることは最重要項目と言っても過言ではないだろう。だが、こと180スピンにおいては、目線を止めるという動作がメイクのカギを握っている。180では必要以上に目線を先行させてしまうと、その動きにリンクするかのようにボードが回りすぎてしまうというのが、その理由だ。だからこそ、ある程度までボードが回ったら、それ以降は目線を止める意識を持っておくこと。

▶ FRONTSIDE 180
フロントサイド180徹底解説

フロントサイド180のポイントレッスン

01 軽めのヒールサイド加重で リップに向かおう

▶▶▶

02 上半身を軽く開きながら タイミングを合わせて抜ける

▶▶▶

03 着地点を確認しながら 両足を胸に抱え込もう

▶▶▶

04 力強く踏ん張って ボードのドライブを防止

▶◀ ZOOM VIEW

自分の得意な回転方向から練習に取り組みはじめて問題ないけれど、スピンに慣れるまではグラブを意識せず、まずは180回す感覚を身につけることが先決。ここでは、常に着地点を確認できるフロントサイド180の解説からスタートするぞ。

上半身の強い先行動作はNG

大きな弧を描くバックサイドターンでキックを上り、リップが近づくにつれ、少しずつ上半身を先行させはじめよう。ただし、勢いよく先行させる必要はない。ターンに合わせるように、ゆっくりと先行動作を行うイメージを持っておくことが重要だ。具体的には、後ろ足がリップにさしかかるまでに、胸を進行方向に向ける程度でOK。リップを抜けるときから上半身をそれ以上ひねってしまうと、エアのピークまでにボードが90以上回りやすく、結果的にボードの回転力を弱めるために、空中で暴れることになりかねないので気をつけよう。

ボードをフラットに抜く意識を!

リップを抜けるときは、ヒールサイドに加重しすぎないことがポイント。エッジが深く入ってしまうと、スピン軸が傾きやすくなるだけでなく、マクられやすくもなるのだ。そのためリップでは、後ろ足はソールが雪面に対してフラットになる状態を意識して踏み切ろう。ただし、強く踏み切りすぎず、キックに合わせてタイミングよく抜けるイメージを持っておくこと。

目線は止めても……

空中では目線をスピン方向へ送りすぎず、ランディングポイント付近に留めておくこと。ただし、ランディングバーンを覗き込もうとして、頭が下がらないように注意しておくことがカギ。もし、頭を落とし込んでしまうと、その動きにリンクするように、身体の軸が前のめりに傾いてしまい、かなり危険。そのため、ランディングが近づくにつれ、着地後に進むであろうバーンの状況を確認するなど、進行方向へ目線を送ることも意識しておこう。

後傾着地にならないように!

スイッチスタンスでの着地は後傾になりやすいので、ランディング直前は上半身を進行方向へ軽くかぶせておこう。そして、着地後もボードには180以上回ろうとする力が残っているため、力強く踏み込んで、そのパワーを抑え込むこと。ランディング後はトゥサイドに軽く加重を切り替えれば、ボードのドライブを防ぎやすくなるので覚えておこう。ここで手をついてしまったり、プラス半回転してしまうと、すべてが台無しになってしまうぞ。

▶ BACKSIDE 180
バックサイド180徹底解説

バックサイド180のポイントレッスン

01
リップに向かうときは
緩めのフロントサイドターンで

▶▶▶

02
上半身を引き上げながら
軽く踏み切ってテイクオフ

▶▶▶

03
真下の雪面を確認しつつ
着地までの距離感を計る

▶▶▶

04
トゥサイドを意識した
ブラインド着地を心掛けよう

◀ ZOOM VIEW

常に着地点を確認できるフロントサイド180と違って、テイクオフしてからランディングポイントが見づらいバックサイド180。グラトリなどで一連の流れを理解してから、キッカーでチャレンジしよう。

LESSON_05 **180 SPINS**

余裕を持ってテイクオフしよう

リップを抜けるときに上半身を強く先行させてしまうと、逆に回りすぎて着地でボードを合わせにくくなるのは、フロントサイド180と同じこと。またバックサイド180では、焦ってスピン方向へ目線を送りすぎた状態でテイクオフしようとすると、エアのピークまでに90以上回ってしまったり、頭が下がりやすくなるので、空中でスピンの軸が大幅にズレてしまいかねない。そのため、リップを抜ける瞬間は進行方向へ目線を送っておき、その直後に回転方向へ先行させはじめる……くらいのイメージを持って挑むといいだろう。ただし、進行方向からスピン方向へ目線を送ることができなければ、回転が止まってしまうということは忘れずに！

SMALL KICKER | スモールキッカー

BIG KICKER | ビッグキッカー

真下の雪面を見るといっても……

空中で無理にランディングバーンを見ようとすると、180以上回りやすくなってしまうので、目線はテイクオフしたリップ方向に残すことが、バックサイド180をクリーンにメイクするコツ。つまり、進行方向へ目線を送らないブラインド着地を心掛けることがポイントとなる。エアのピークを過ぎたあたりからは、自分の真下の雪面を確認しながら、ランディングまでの距離感を把握することになるけれど、このとき、できるだけ頭を下げないように、目線だけを下へ向けるイメージを持っておこう。頭が下がりすぎると体軸がドンドンと傾いてしまうぞ。

ブラインド着地を安定させるコツ

ランディング後にボードのドライブを防ぐためには、進行方向へ目線を送らない、ブラインド着地を心掛けることがカギ……とは前述したとおり。また、後傾着地にならないように、ランディング時に進行方向側にくる足に60%ほど、後方にくる足に40%ほどの力配分でボードを踏み込む意識を持っておこう。それくらいの意識のほうが、両足同時にビタッと着地しやすいのだ。さらにランディング時はトゥサイドを意識しておくこともポイント。そして着地直後に、トゥサイド加重からヒールサイド加重に切り替えることで、ボードのドライブをより防ぎやすくなるということも覚えておこう。

▶ GRABS
180をグラブでアレンジ

ノーグラブでの180のメイク率がアップしてきたら、180スピンをグラブなどでスタイルアップしよう。それぞれのスピンのオススメのグラブやそのコツをレクチャーするぞ。

FRONTSIDE 180 INDY
フロントサイド180 インディ

タメを作れるグラブがオススメ

グラブをして回転力を弱めるためには、スピンと反対方向に前足をポークするアクションが重要になってくる。そのため、その動作をしやすいインディとメランコリーの2つのグラブが、フロントサイド180ではオススメ。ポークして作ったタメがあるからこそ、グラブを放したときにテールを進行方向へ向けやすくなり、着地体勢も整えやすくなるのだ。ミュートやステイルフィッシュは、ボードをフロントサイド方向へシフトさせたほうがグラブしやすいので、結果的に空中でタメを作りづらく、180以上回りやすいという特徴がある。

BACKSIDE 180 MELANCHOLY
バックサイド180 メランコリー

着地体勢を整えやすいグラブがオススメ

バックサイド180でオススメするグラブは、実はフロントサイド180と同じで、インディとメランコリーが挙げられる。さらにミュートやテールなども安定感を失わずにグラブしやすいだろう。ブラインド着地は、後傾になるのを防ぐため、腰をやや進行方向へ突き出したような体勢でランディングするのがコツ。だからこそ、そのような体勢を空中でとりやすいグラブがオススメなのだ。インディやメランコリー、テールの場合は、前足を刺すとタメを作りやすく、また、カッコよく魅せることができるぞ。ミュートの場合は一定速度でのスピンを意識しておこう。

06

FRONTSIDE 360

フロントサイド360を徹底攻略

いよいよ雪山で繰り出す1回転スピンにトライ！ もちろん、自分の得意な回転方向から取り組みはじめて問題ないけれど、ここでは進行方向を確認しながらテイクオフできるフロントサイド360を徹底解説するぞ。

▶ FRONTSIDE 360
フロントサイド360の特性を知る

1回転する感覚をつかむ

フロントサイド360に初トライするときは、憧れのライダーたちが放つようなスタイル全開のエアを目指すのではなく、まずは、空中でボードをフロントサイド方向に360回す感覚に慣れることが先決。いきなりグラブを意識しすぎると、テイクオフがおろそかになったり、空中でバランスを崩してしまう可能性が高いので要注意。最初はノーグラブで問題ない。とにかくキレイに回すことだけに集中しておこう。また、事前にフラットバーンや地形を活かして1回転する感覚をつかんでおくと、さらにスムースにキッカーで繰り出せるようになるはず。もちろん、サイズの小さなキッカーからトライすることも忘れずに！頭の中でイメージが固まったら、ビビりすぎずに楽しみながらトライしよう。

◀ ZOOM VIEW

フロントサイド360に挑戦する前には、必ずフロントサイド180をマスターしておこう。360に通ずる点が多々あるだけでなく、回転力が足りないと感じたときのリカバリーにも活きてくるぞ。スピンを覚えるときは、きちんとしたステップを踏むことが重要なのだ。

▶ APPROACH
アプローチで意識すべきポイント

これまで何度も繰り返し解説してきたように、スピンに欠かせないマストアクション。それがラインどりだ。180から回転数が倍増する360になれば、注意すべき点は変わってくるのだろうか？

FRONTSIDE 360
フロントサイド360

FRONTSIDE 180
フロントサイド180

ターンの巻き込みすぎは厳禁

フロントサイド360のアプローチ時に描くべきラインどりは、フロントサイド180同様に、スタート位置から見て逆Sの字。つまり、キックのサイズに合わせて、リップまでにフロントサイドターン→フラット→バックサイドターンとタイミングよく切り替えればOK！ しかも、180とあまり変わらないラインどりでも、キレイにターンを繋ぐことができれば、360はスムースに回せるということを覚えておこう。むしろ、ターンを巻き込みすぎると、横っ飛びになりやすく、かつバランスを崩しやすいだけなのだ。

先行動作のための予備動作

よりナチュラルにスピンを繰り出すためには、キックを上りはじめる前に、両腕をスピンと反対方向へ振って、先行動作のタメをつくっておくのがオススメ。いわゆるテイクバックと呼ばれる動作だ。これを行うことで、少ない力でも勢いよく上半身をスピン方向へ先行できるようになるのだ。しっかりテイクバックできたら、あとはキックを上りながらターンに合わせて上半身をスピン方向へ先行させよう。

身体の軸が背中側に倒れないように!

リップに向かう直前のバックサイドターンを描いているときに、ヒールサイド加重を意識しすぎて身体の軸が背中側に倒れてしまうという人は、キックを上っている間、前足はフラットにボードを踏み込むことを意識しておき、後ろ足だけでヒールサイドに加重することを心掛けよう。また上半身は軽くトゥエッジ側にかぶせることで、身体の軸が起き上がった状態をキープしやすく、より安定したアプローチに繋がるぞ。

▶ TAKE OFF
メイク率をアップさせるテイクオフ術

「抜けを制する者がスピンを制す」といっても過言ではないほど、スピンを仕掛けるうえでの重要動作となるテイクオフ。もしメイク率をアップさせる魔法の抜けがあるとすれば、知りたくない人はいないはず！

肩と腰を水平に回す意識を！

テイクオフする瞬間は、少しだけ強めにスピン方向へ上半身をひねるけれど、1回転するからといって極端に強く先行させる必要はない。リップを抜ける瞬間は、上半身を開きすぎず、胸が進行方向に正対するくらいの状態でOK！ また、このとき重要になってくるのが、両肩を水平に先行させること。もし前肩を落としすぎてしまうと、空中でスピン軸が大幅にズレてしまうので気をつけよう。さらに、肩だけでなく左右の腰骨を結んだラインも水平に回すことを意識しておくと、さらに◎

焦って目線を先行させすぎない

テイクオフするときは、よほど小さなサイズのキッカーでないかぎり、進行方向を確認したままリップを抜け、それからスピン方向へ目線を送るくらいの余裕を持っておこう。焦って目線を先行させてしまうと、首が折れ曲がって身体の軸が不安定になりやすく、また早抜けにも繋がりやすいのだ。ただし、進行方向を確認しながら抜ける場合は、そこから目線をスピン方向へ先行できないと頭の回転が止まってしまい、360まで回らなくなってしまうので気をつけよう。また、目線は水平にスピン方向へ送ることもポイントだ。

「蹴る」から「抜ける」へ

後ろ足がリップにさしかかったら、タイミングを合わせる程度のオーリーで空中へ飛び出そう。このとき、前足はフラットからヒールサイド加重に切り替え、後ろ足はヒールサイド加重からソールを雪面に対してフラットにする意識で踏み切ること。そうすれば身体の軸が傾きにくく、さらに上半身の先行動作もスムースに行えるので、より安定したスピンに繋がるのだ。両足でヒールサイドに加重してしまうと、エッジごとズレやすいので避けること。また、高いエアにしたいからといって、テイクオフ時にボードを強く蹴りすぎないことも重要だ。ストレートエア同様に、リップが近づくにつれ、少しずつ頭と上半身を引き上げはじめ、「蹴る」というよりはリップを「抜ける」というイメージで踏み切ろう。身体が伸びきってしまうと、空中でバランスを崩しやすくなってしまうだけなのだ。

OFF-AXIS | 軸をズラすときも……

ボードを水平に回すフラットスピンではなく、回転軸を少しズラした軸ズレのスピンの特徴を知っておこう。

よりラクにスピンするためには、空中でボードをフラットな状態で回すよりも、少しボードを立てた状態、つまり、回転軸をやや傾けたほうがスイングウエイトが軽くなるのでオススメ……といったハウツーを読んだことはないだろうか？また、トップライダーのなかには、フロントサイド360でもスタイルを出すために、フラットではなくコークスクリューのような軸で回すケースもある。だけど注意したいのは、軸をズラしたいからといって、リップを抜けるときから重心を後方に残しすぎたり、前肩を落としすぎないこと。あくまでテイクオフ時は、フラットに回すときと同じように、両肩を水平に先行させるのがポイントだ。空中に飛び出してから徐々に前肩を落としたり頭を傾けないと、テイクオフでマクられやすくなってしまったり、空中でコントロール不能になりかねないぞ。

▶ AIR
空中で行うべき動作とは?

いくらテイクオフが最重要アクションだからといっても、抜けっぱなしで360までキレイに回るわけはない。スピンを完全にコントロールするためには、空中でもさまざまな動きが必要になってくるぞ。

身体をコンパクトな状態に

ボードが宙に浮いたら、上半身の先行動作はキープしつつ（腕や肩だけでなく、腰を回すことも意識する）、ゆっくりと、だが確実に両足を胸に引きつけよう。そうすることで、上半身の先行動作で生み出したパワーが、よりボードへと伝わりやすくなるのだ。踏み切ったままの、身体がやや伸びた状態では上半身と下半身が連動しづらく、バランスを崩しやすくなってしまうので要注意。また、エアのピークまでに両足を胸に抱え込んだコンパクトな体勢になっていれば問題ないので、急激に足を引きつける必要はないということも覚えておこう。

目線の正しい送り方

進行方向に向けていた目線をスピン方向へ送るときは水平に……とテイクオフの解説で述べたが、空中でさらに目線を先行させるときは、アゴを浮かせることなく前脇の下あたりから送ること。前肩越しに目線をスピン方向へ先行させようとすると、ランディングを覗き込む体勢になってしまうので、空中でスピン軸が背中側に倒れやすいのだ。ただし、エアのピークを過ぎたら無理にスピン方向へ目線を送りすぎず、自分の真下の雪面を確認しながらランディングまでの距離感を把握すること。つまり、目線を止めておくことが重要になってくるのだ。

▶ ZOOM VIEW

▶ LANDING
クリーンに締める着地法

空中でボードを1回転させるため、180に比べるとランディング時に横方向への力が大きく加わることになる、フロントサイド360。このパワーを確実に抑え込み、安定感のあるランディングを実現するためのコツとは？

ブラインド着地でドライブを防止

進行方向を確認しながらランディングするのは、かなりの上級テク。スピン初心者がトライすると、ボードの回転を止めきれない可能性が高いので、まずはランディングが近づいてきても進行方向へ目線を送らない、いわゆるブラインド着地を心掛けよう。ボードをビタッと止めやすく、また着地後に発生するボードのドライブを防ぎやすくなるはずだ。ただし、ブラインド着地は後傾になりがちなので、ランディング時に進行方向側にくる足への加重割合を高める意識を持っておくのがオススメ。もちろん、着地直前に軽くヒザを伸ばし、身体全体で衝撃を吸収しながら、ということは忘れずに！

360まで少し足りない状態で着地

ブラインド着地で強い回転力を抑え込むためには、少し回転数が足りない状態でランディングするほうが、着地でボードをビタッと合わせやすくなる。フロントサイド360であれば、ボードを340〜350ほど回したあたりで着地して問題ないのだ。このとき、足の指で雪をつかむようなイメージで、トゥサイドを意識しながら着地すると、さらに踏ん張りやすくなるぞ。360以上回った状態でランディングしようとしても、リカバリーしきれなくなってしまうだけなのだ。

回転力を受け流す方法

ランディング後に残っている回転力の惰性を抑え込むためには、トゥサイド加重で着地したら、すぐにヒールサイド加重に切り替えてボードを踏み込みつつ、上半身だけを回転方向に振って力を受け流そう。このとき、ボードが回らないように意地でも耐えること。この一連の流れを上手くこなせないと、クリーンなランディングはできないぞ。上半身を元に戻すのは、横方向への力を感じなくなってからでOKだ。着地する一瞬に横方向へのパワーを完璧に抑え込もうとすると、かえって身体を痛める原因になってしまうので気をつけよう。

▶ GRAB
フロントサイド360をグラブで味付け

ノーグラブで1回転する感覚をつかんだら、よりエアを安定させるためにも、そしてスタイルを出してカッコよく魅せるためにも、ガッチリとグラブして回すフロントサイド360にチャレンジしよう。オススメのグラブは？ そして、そのコツとは？

◀ ZOOM VIEW

推奨グラブは存在する?

フロントサイド360のおすすめグラブはインディ。後ろ手でボードをつかんでからも前手でスピンをリードしやすく、前脇の下から回転方向へ目線を送りやすいことに加え、前肩が下がりづらいというのが、その理由だ。メランコリーもスピンしやすく、またスタイルも出しやすいけれど、ややオートで回ってしまうという特徴がある。インディができない人は、まずはメランコリーでグラブの感覚をつかむのもナシではないけれど、空中でスピンを制御する練習には不向きだということを覚えておこう。また、グラブを意識するのは、ボードが90ほど回ったあたりからが基本。テイクオフ直後からボードをつかみにいく必要はないのだ。

スタイルを出すときは……

インディでスタイルを出すときは、後ろ手で両足間のトゥエッジをつかんでから、前手だけを回転方向へリードすると同時に、前足をスピンと反対方向にポークするのがオススメ（下方向へブッ刺すのも◎）。このとき、身体を一気にひねるのではなく、"徐々に"という意識を持っておくこと。また、ポークすることによりタメが生まれるので、空中でスピンをコントロールしやすくなるのもメリットのひとつ。納得のいくポークを終えたら、タイミングを見計らってグラブを放し、前足を胸に引きつければ、ひねっていた身体が元に戻ろうとするため、その動きに合わせればノーズをラクに進行方向に向けやすくなるのだ。

07

BACKSIDE 360

バックサイド360を徹底攻略

ノーマルスタンスから繰り出すもうひとつの360スピン、バックサイド360をレクチャー。極上アドバイスを参考に、バックサイド360を得意技にしよう。

▶ BACKSIDE 360
バックサイド360の特性を知る

自信を持ってテイクオフする秘訣

バックサイド360は、エアのピークを過ぎたあたりから着地点を確認したままランディング体勢を整えられるという特徴がある。そのため、比較的メイクしやすいスピンと位置づけられることが多い。けれど、テイクオフ時は進行方向に対して背を向けるようにリップを抜けるため、恐怖心からイメージどおりに身体が動かず、苦手意識を持っている人も少なくないだろう。そのため、キッカーで挑戦する前には、フラットバーンや地形を活かしてバックサイド方向へ1回転する感覚をつかんでおき、加えて頭の中でキッカーでの一連の流れを鮮明にイメージしておくことが重要だ。また、トライしはじめの段階からグラブを意識しすぎると、テイクオフのベストタイミングを逃したり、リップでエッジを引っ掛けやすくなるので、慣れるまではノーグラブで練習するほうがベター。

◀ ZOOM VIEW

バックサイド360にトライするまでには、アプローチやテイクオフなどで類似点があるので、まず回転数の少ないバックサイド180を覚えておこう。何事もステップアップが重要だ。

▶ APPROACH
安定度をアップさせるアプローチ術

これまでクドイくらいに述べてきたけれど、「スピンはターンの延長線上にある」……ということで、バックサイド360もラインどりがアプローチにおける重要ポイントとなる。実際に注意すべき点について触れていこう。

BACKSIDE 360
バックサイド360

BACKSIDE 180
バックサイド180

早い段階からトゥサイドに乗りすぎない

バックサイド360のアプローチで描くべきラインどりは、スタート位置から見てSの字。つまり、リップまでに「ヒール→フラット→トゥ」と加重を切り替えられるようにターンを繋げばOKだ。ただし、バックサイドスピンは身体の軸を少し腹側に倒すだけでも、簡単にトゥエッジに乗りすぎてしまうケースが多い。またアップ系のキッカーでは、わずかにトゥサイドに乗り込んだつもりが、トゥエッジが鋭く雪面に入ってしまう場合もある。これを防ぐためには、ターンを切り替える際の、ボードをフラットに踏み込む時間を長くする(トゥサイドに乗る時間を短くする)意識を持っておくのがオススメ。トゥサイドに早い段階から乗りすぎると、横っ飛びになりすぎたり、頭が下がってスピン軸が大きく傾きやすいのだ。また、バックサイド180とそこまで変わらないラインどりでも、ターンをキレイに繋ぐことができれば、スムースにスピンすることは可能。無理にターンを巻き込みすぎる必要はないということを覚えておこう。

身体の軸を倒さない

トゥエッジが入りすぎるのを防ぐためにも、また身体の軸を腹側に倒れにくくするためにも、キックを上っているときにトゥサイドへ加重する場合は、前足は雪面に対してソールをフラットにする意識を持っておき、後ろ足だけでトゥサイドに力を加えることがポイントとなる（意識するだけでもOK！）。そうすれば、身体の軸と頭が自然と起き上がり、より力強くボードを踏み込めるようになるのだ。

先行動作のタメを！

スピンの先行動作をはじめる前には、上半身を開いて先行動作のタメを作っておき、そこからターンに合わせるように上半身を徐々に先行させると、よりスムースなスピンに繋がるぞ。

▶ TAKE OFF
クリーンなテイクオフを実現する方法

スピンのメイク率に深く関わってくる重要アクション、テイクオフ。このテイクオフを攻略できれば、得意技に一歩近づいたも同然だ。では、自信を持ってリップを抜けるために知っておくべきこととは？

加重の切り替えがポイント

リップが近づいてきたら、両腕をスピン方向に先行させると同時に両肩をフワっと引き上げ、そして後ろ足がリップにさしかかったタイミングに合わせて、軽く踏み切って空中へ飛び出そう。このとき、前足はフラットからトゥサイド加重に切り替え、後ろ足はトゥサイド加重からフラットを意識してボードを踏み込んでテイクオフすること。そうすれば身体の軸が大きく傾くことなく、それでいてトゥエッジに乗りすぎずに、ソールの面全体を利用したオーリーが可能となるのだ。この加重の切り替えが、テイクオフの安定度を格段にアップさせるぞ。両足同時にトゥサイドに加重してしまうと、トゥエッジが雪面に喰い込みすぎてリップで引っ掛かりやすくなったり、エッジがズレて早抜けになってしまうので要注意。

常に余力を残した状態が◎

高さを出そうとしてリップでボードを強く蹴りすぎないことも、スムースなテイクオフを実現するコツ。ストレートエア同様に、リップが近づくにつれて少しずつ頭と上半身を引き上げはじめ、キックの形状に合わせて軽く踏み切ることができれば、それだけで高く飛べるということは忘れないように！このとき、イメージ的には両足均等に力を入れて、両足が8〜9割くらい伸びた状態でリップを抜けることができればOK！後ろ足だけでリップを蹴ろうとしすぎると、テールに乗りすぎて不安定なテイクオフになってしまうのだ。また、リップを抜けるときに胸をピーンと張ってしまうと身体が伸びきってしまい、空中でバランスを崩しやすくなる。そのため、常にバランスボールくらいの大きめのボールを胸に抱え込んだイメージを持っておくと、より安定した体勢で空中へ飛び出すことができるぞ。

焦って目線を先行させすぎない

サイズがあまりにも小さいキッカーを除き、バックサイド360は進行方向をチラ見して、それから真横→後方と目線を送っていくのがオススメ。焦って目線だけを先行させすぎても、身体の軸がズレやすくなってしまい、スピンが安定しなくなるのだ。また、目線はできるだけ水平に送ることもポイント。それを実現するためにも、テイクオフ時に頭の位置がトゥエッジよりも腹側に傾きすぎないように気をつけよう。意識的にはヒールエッジの上に頭がくるようなイメージを持っていればOK。頭や身体が倒れてしまうと、目線を水平に送りづらくなってしまうのだ。

▶ AIR

空中でやるべき必須事項

いくらテイクオフを完璧にこなせても、空中で行うべき動作をサボってしまっては、着地を確認しながら体勢を整えられるバックサイド360でも立てなくなる可能性も！ スピンを完全にコントロールするために必要な動きとは？

身体をコンパクトな状態に

身体が宙に浮いたら、上半身の先行動作はキープしつつ、両足を胸に抱え込もう。そうすることで、上半身の先行動作にリンクして、ボードが自然と回りはじめるはずだ。テイクオフしたままの、身体がやや伸びた状態では上半身と下半身が連動しづらく、上半身で生み出した回転方向へのパワーをロスするばかりか、バランスを崩す原因にもなるので要注意。ただし、エアのピークで、もっともコンパクトな体勢になっていればOKなので、急激に足を引きつける必要はないぞ。

後ろ手でスピンをリードする際の注意点

空中で後方に目線を送ったあたりから、後ろ手を回転方向へ引っ張るように動かしてスピンをリードしはじめよう。実は、テイクオフする前から後ろ手を勢いよく背中側へ先行させると、テールに乗りすぎてバランスを崩したり、ヒールエッジをリップに引っ掛けやすくなってしまうのだ。また、後ろ手を先行させると同時に、目線もスピン方向へ送ることも忘れずに！ 目線を送り続けていれば、エアのピーク少し手前の、ボードが180近くまで回ったあたりでランディングが見えてくるぞ。空中でスピン軸が腹側にやや傾いていると感じた場合は、エアのピークから後半にかけて後ろ手を振り下ろすことで、自然と上半身が起き上がり、軸が元に戻るということも覚えておこう。

上半身をかぶせて後傾防止

エアの後半は、常にランディングポイントを確認できるので、焦らずに着地体勢を整えられるはず。ただし、回転力が足りないと感じた場合は、上半身をスピンと反対方向へひねる反動でボードを回し、逆に回転が余りそうであれば、身体を伸ばして回転力を弱めよう。また、後傾着地を防ぐためにも、上半身を軽く進行方向へかぶせておくことも重要だ。着地点を確認すると同時に、ランディング後に進むであろうバーンの状況などもチェックできればパーフェクト。

▶ LANDING
確実にメイクするための着地テク

ランディングポイントを見据えたまま着地できるので、テイクオフとエアが安定していれば、着地はフロントサイド360に比べるとかなりイージー。だが、より完璧なランディングを目指すなら行うべきことはあるぞ。

全身で着地の衝撃を吸収

バックサイド360は着地点が見えているからといって、足（下半身）だけでボードを合わせないように！ もちろん、身体が伸び伸びの状態でも着地しないように!! 何事も油断大敵。丁寧なランディングを心掛けないと、1回転したボードの力に流されてドライブしてしまったり、ケガをする原因になってしまうぞ。そのため、着地時の衝撃を全身でしっかり吸収できるように、ランディング直前には、ヒザを軽く伸ばしてクッション代わりに使えるよう準備を整えておこう。また、着地したらボードを力強く踏み込んで回転力の惰性を確実に抑え込むことも重要だ。

360きっちりと回してランディング

バックサイド360でクリーンなランディングを目指すのであれば、ヒールサイド加重での着地は避けたほうが無難。つまり、回転が少し足りない状態でランディングするのではなく、きっちりと360回しきってから、両足同時にボードをフラットに踏み込みながら着地するほうがベターだということ。回転が足りないと、どうしても後傾着地になりやすいのだ。また、少しくらいなら360をオーバーしても、ややトゥサイド加重でランディングすればビタッと回転を止めやすいということも覚えておこう。

▶ GRAB

バックサイド360をグラブでアレンジ

ノーグラブでバックサイド方向へ360回す感覚をつかんだら、エアを安定させるためにも、そしてスタイルをアップさせるためにも、グラブにチャレンジ！ オススメのグラブとそのコツをレクチャーしよう。

◀ ZOOM VIEW

推奨グラブは存在する?

バックサイド360におけるオススメのグラブはミュート。前手で両足間のトゥエッジをつかんだ状態でも、グラブしていない後ろ手をスピン方向へ引っ張るように先行させやすいというのがその理由だ。また、グラブし続けることで、エア後半には自然と上半身が進行方向にかぶさった体勢になるのもポイント。さらに、空中でボードの回転を制御しやすくなるタメもつくりやすいということもメリットのひとつだ。

グラブするコツは?

空中に飛び出した直後の早すぎる段階からボードをつかみにいくと、スピン軸が腹側に大きく傾いてしまってバランスが崩壊するので気をつけよう。グラブは「両足をしっかり抱え込んでから」「ボードがある程度回ってから」が基本。エアのピーク手前までにグラブできればいいのだ。焦る必要はない。スタイルを出したいのであれば、ガッチリとグラブしたあとに、軽くテールをポークするのがオススメ。

08

NEXT LEVEL

ネクストレベルを目指したい人へ！

これまでにレクチャーしてきたさまざまな理論やコツを踏まえて、ネクストレベルへとステップアップするためのヒントをご紹介。ジャンプマスターの称号はすぐそこだ！

▶ SIZE UP
ビッグキッカーに挑む際の注意点

小さなサイズのキッカーに慣れてきたら、さらなる浮遊感を求めて、そして自身の限界を底上げするため、より大きなキッカーを飛びたくなるはず。ここでは、その際に注意すべき点をピックアップ。

挑戦と無謀を勘違いしない

いきなり極端なサイズアップは避け、段階を踏んでキッカーのサイズを上げていこう。また、飛びたいという気持ちよりも、恐怖心のほうがはるかに上回っている場合は、キッカーにエントリーしてもビビってしまい、身体が固まりやすい。そうなるとイメージどおりの動きやジャンプができず、無理して突っ込んでもケガする可能性が高くなるだけ。なので、自分の限界を少しずつ引き上げていくこと。実際に飛ぶ前には、キッカーを観察したり、上手い人の後を追いかけてアプローチの最適スピードなどをチェックするのがオススメだ。最初はストレートエアで飛び、ジャンプ台の特性をつかむことも重要。いきなり高く飛ぶ必要はないので、オーリーせずにリップを抜ける、いわゆる"素抜け"で飛ぶのもいいだろう。

いきなりジャンプせずにキッカーの特徴を把握しよう

INDY
インディ

ストレートエアで試し飛びすることを忘れずに！

ビッグキッカーで
スピンするときは？

大きなキッカーでスピンを繰り出すときは、しっかりイメージができてから挑むように！ ノリや勢いだけで突っ込むのは、ただの無謀。一連の流れが頭の中で完成していないと、空中で暴れてしまったり、ハードなクラッシュに繋がりかねないぞ。また、サイズが大きくなればなるほど滞空時間が長くなるので、ゆっくり回せばOKだということを覚えておこう。例えば、15mサイズのキッカーで360スピンを繰り出すときは、正しいラインどりでアプローチして確実なテイクオフができれば、あとは空中ですべてをコントロールするくらいのイメージでも問題ないのだ。つまり、余裕を持っておくことが重要だということ。もちろん、回転数も徐々にアップさせることもポイントだ。

SMALL KICKER | スモールキッカー
FRONTSIDE 360
フロントサイド360

BIG KICKER | ビッグキッカー
FRONTSIDE 360
フロントサイド360

同じフロントサイド360だが、サイズが大きくなれば、その分だけ先行動作を弱めてもラクに回せるのだ

> SPIN UP
回転数をアップさせる際の注意点

360スピンを覚えたジャンプ好きのスノーボーダーならば、やはり次は540、720と回転数をアップさせたくなるもの。そこで、ここでは回転数を増やすときの注意点を明記しておこう。

FRONTSIDE 540
フロントサイド540

FRONTSIDE 360
フロントサイド360

BACKSIDE 540
バックサイド540

BACKSIDE 360
バックサイド360

先行動作のスピードとスピンの回転速度は同じ

まず大前提として、回転数をアップさせたいならば、そのスピンに見合ったサイズのキッカーをチョイスすること。高回転スピンを小さすぎるキッカーで繰り出しても、キレイなテイクオフはできず、むしろ変なクセがつきやすいので要注意。また、あまりにも同じトリックをやりすぎないこともポイントだ。例えば360を覚えたら、すぐに540に挑戦するといった具合に積極的にステップアップしていこう。360をやりすぎた結果、その動きが身体に染みついてしまい、540の動きを頭では理解していても、空中で勝手に360の動きをやりかねないのだ。さらに、高回転スピンだからといって、テイクオフの一瞬に勢いよく先行動作を入れても、実は安定した状態で回すことはできない。重要なのは、先行動作のスピードとスピンの回転速度は同じだということを理解しておき、正しいラインどりを描きながら、大きく、そして力強い先行動作を確実に行うことにあるのだ。

高回転スピンでもテイクオフを焦らない

いくら回転数がアップしようとも、あまりにも早い段階から先行動作を開始してしまうと、リップに辿り着く頃には身体が限界以上にひねられた状態になったり、伸び伸びの状態になりやすいだけ。安定したテイクオフを目指すのであれば、高回転スピンでも先行動作を開始するタイミングを焦らず、後ろ足がリップに到達するまで踏み切りを我慢すること。もちろん、"正しいズリ抜け"をする際は、テールのギリギリまできちんと使って踏み切ることがマストとなる。テイクオフは焦っても損するだけだという認識で挑もう。

FRONTSIDE 540
フロントサイド540

BACKSIDE 540
バックサイド540

▶ 540 SPINS
360から540へのステップアップ術

FRONTSIDE 540
フロントサイド540

フロントサイド540のポイントレッスン

01 逆Sの字を描く ラインどりでアプローチ ▶▶▶ **02** 両肩を結んだラインを 水平に先行させる ▶▶▶ **03** 着地点が見えるまで 目線を送り続けよう ▶▶▶ **04** 上半身を進行方向に かぶせて後傾防止

■ ZOOM VIEW

FRONTSIDE 360
フロントサイド360

FRONTSIDE 540
フロントサイド540

ノーズとテールを同じ高さに

360では空中で少しノーズを下げても、結果的にランディングにボードを合わせられるので何の問題もなかったけれど、540では空中でボードを水平にキープすることが重要になってくる。つまり、ノーズとテールが同じ高さになる状態をキープすることがポイント。あまりにもノーズを下げてしまうと、エアのピーク付近で重心が後方に残りやすく、着地までに重心をボードのセンターに戻しにくくなり、後傾着地になりやすいのだ。

360スピンから540スピンへステップアップする際に意識しておくべき点をレクチャー。攻略ポイントは多数あるけれど、特に重要な3つに絞って解説しよう。

目線を止めないこと

フロントサイド360は、空中で自分の真下の雪面を確認しながらランディング体勢を整えるブラインド着地がオススメなので、目線を積極的に回転方向へ送らないほうがベターなので、目線を積極的に回転方向へ送らないほうがベター。だが540になると、目線の先行は止めずに着地点が確認できるまで送り続けることがポイントになってくる。目線をスピン方向へ送らないと頭の回転が止まり、回転力が弱くなってしまうのだ。もちろん、目線は水平に送ること。

FRONTSIDE 360
フロントサイド360

FRONTSIDE 540
フロントサイド540

後傾着地を防ぐために!

スイッチスタンスでの着地になるので、スイッチに苦手意識がある人は特にランディングで後傾になりやすい。そのため、エア後半は上半身、特にアプローチ時の後ろ肩を進行方向にかぶせるような体勢をとろう。また、胸が進行方向に正対した状態をキープしていれば、やや回転力が強くても抑え込みやすくなる。着地は両足同時に行い、ソールを雪面に対してフラットな状態にする意識を持っておくこと。

LESSON_08 NEXT LEVEL

091

BACKSIDE 540
バックサイド540

バックサイド540のポイントレッスン

01
ターンの
巻き込みすぎは厳禁

▶▶▶

02
トゥサイド加重に
なりすぎないように！

▶▶▶

03
360ほど回るまでは
目線を送り続ける

▶▶▶

04
トゥサイド加重の
ブラインド着地を意識

▶ ZOOM VIEW

 ▶▶  ▶▶  ▶▶  ▶▶  ▶▶

軸をズラしてラクに回す

バックサイド540はフラットで回すよりも、あえてスピン軸を少しズラすことでスイングウエイトが軽くなるので回しやすく、着地でボードをビタッと止めやすくなる。ただし、軸をズラしたいからといって、テイクオフ時に首を大きくかしげたり頭を倒さないように！ ポイントは目線にあり。バックサイド360では水平に送っていた目線を、540では積極的に自分が抜けたリップを見るだけ。これで軸が傾くのだ。

BACKSIDE 360
バックサイド360

BACKSIDE 540
バックサイド540

エアのピークで軸を戻しすぎない

エアのピーク付近でランディングポイントを見ようとしたときに、ちょうど自分のボードが邪魔になるような体勢をイメージしておこう。つまり、この段階でスピン軸は起きすぎていないほうがベターだということ。エア後半にアプローチ時の後ろ肩を下げることで軸が戻り、着地時にボードを上から振り下ろせるので、ビタッと合わせやすいのだ。エアのピークでスピン軸がフラットに戻っていると、着地までに身体が徐々に前のめりに倒れかねないぞ。

◀ SIDE VIEW

ブラインド着地の コツを思い出せ!

ランディングは、ややテールに加重した状態、つまり着地するときに進行方向側にくる足に重心を置くことがカギとなる。そのため、着地直前は腰を進行方向に軽く押し出すようなイメージを持っておこう。また、軽めのトゥサイド加重での着地を意識しておくこともメイク率アップのキーポイント。これらを実践することによって、後傾着地も防ぎやすくなるはずだ。ブラインド着地のコツを思い出そう。

▶ DOUBLE CORK
より高いレベルを目指す人へ！

FRONTSIDE DOUBLE CORK 900
フロントサイド・ダブルコーク900

高難度トリックは分解して考える

高回転スピンやダブルコークなどのハードなトリックに挑むときも、これまでに解説したようにピークまでにどれだけ回しておくべきか、そのトリックに必要なベーストリックは何か……などを考慮すること。特に、エアのピークでとるべき体勢は必ずイメージしておこう。また、事前にトリックを分解して分析することも大切。例えばフロントサイド720であれば、フロントサイド540よりも先行動作を少し強めてリップを抜けて、ピークでは360回した状態。そして、残りの360はスイッチバックサイド540の後半のイメージにすり替えてブラインド着地を意識すればいい……といった具合だ。似ているトリックのコツをドンドンと盛り込み、より鮮明にイメージを練り上げよう。

◀ ZOOM VIEW

フロントサイド・ダブルコーク900のポイントレッスン

01 フロントサイド540に似たラインどり
フロントサイド・ダブルコーク900は縦軸が強いトリックなので、アプローチはフロントサイド540（もしくはアンダーフリップ）とほぼ同じラインどりでエントリーして問題ない。ターンに合わせたテイクバックや先行動作を行い、きちんとヒールサイドに加重した状態でリップに向かおう。

02 テールの最後まで耐えてから踏み切る
縦軸が強いからといって、ボードを思いきりマクらせる必要はない。また、早く回そうとして焦って早抜きすると、リップに後頭部を打ちつけかねないので要注意。テイクオフはリップのギリギリにテールが到達してから……が基本だ。もちろん、きちんと踏み切ってテイクオフすることも忘れずに！

03 エアのピークはフロントサイド180に近い体勢
トリックを分解すると、アンダーフリップの450＋アンダーフリップの450というイメージになることが理解できるはず。そのため、エアのピークで縦1回転を終え、さらに横方向には450（1回転と90）回った状態、つまりフロントサイド180のピークに近い体勢になっていればベスト。

04 強い回転力を弱める工夫をすること
ランディングでボードをきちんと合わせるためには、エア後半に強い回転力を弱める動きが必要だ。特に縦軸が強いスピンなので、2回転目で着地点が見えてから、雪面が近づくにつれて身体を軽く伸ばすことがポイントとなる。また、後傾着地を防ぐためにも、胸を進行方向へかぶせておこう。

頭の中でトリックのイメージを完璧にし、安全な環境で練習を繰り返せば、ジャンプは絶対に上達するはず。常に自分の限界をプッシュし続けていれば、いつかはダブルコークも夢じゃないかもしれない。

これにてジャンプ最速上達マニュアルは終了だ。ここで紹介してきた理論やコツを応用すれば、必ずネクストレベルへとステップアップできるはず（だと信じている）。最後にジャンプを上達するうえで欠かせない3つの秘訣を伝授しよう。まずは、ありきたりだが練習を積み重ねること。何事もそうだが、上手くなりたければ、やはり地道な練習は欠かせないのだ。続いて、常に考えながら行うこと。何も考えずにダラダラと練習を続けるよりは、自分の動きを第三者の目線で確認したり、現在の自分の弱点を分析して明確にしないことには、どこに重点を置いて練習すべきなのかすら見つからないぞ。そしてラストは、イメージすること。これは雪がなくても、いつでも可能なこと。トップライダーたちは常にスノーボードのことを考えている。だから、上手いのだ。これらのことを忘れずに練習に励み、完全無欠のジャンプマスターを目指してもらいたい。

SNOWBOARD BASIC JUMP
スノーボードジャンプ最速上達マニュアル

2015年1月15日 初版第1版発行
トランスワールドスノーボーディングジャパン編集部

監修: 岡本圭司
編集: 金澤玄昭(トランスワールドスノーボーディングジャパン編集部)
写真: 板原健介、柳田由人、金澤玄昭
デザイン: CIRCLEGRAPH
撮影協力: 長野・HAKUBA 47、千葉・千葉KINGS

発行人: 佐野 裕

発行: トランスワールドジャパン株式会社
〒150-0001 東京都渋谷区神宮前6-34-15 モンターナビル
tel: 03-5778-8599 / fax: 03-5778-8743

印刷・製本: 中央精版印刷株式会社
Printed in Japan

© Transworld Japan Inc. 2015
ISBN978-4-86256-150-3

本書の全部または一部を、著作権法上の範囲を超えて、
無断で複写、複製、転載することを禁じます。

乱丁・落丁本は小社送料負担にてお取り替えいたします。

「TRANSWORLD SNOWboarding JAPAN」2013年10〜12月号、
2014年1〜5月号に掲載していた、連載企画「HIGHRIDE(ストレートジャンプ編)」に
加筆・修正したものを収録しております。